ライブラリアン・ラプソディ——八巻千穂

刊行によせて

この本の中で、私の推しのコラムは「タロー・ジロー物語」、南極に置き去りにされた樺太犬の物語？　と思いきや、話題展開の妙手、八巻さんならではの別の話が待っている。タローはゲルダ・タロー、世界的写真家キャパの同志で恋人、一方ジローはフランソワーズ・ジロー、ピカソのミューズであった女性である。キャパの作品「崩れ落ちる兵士」とピカソの「ゲルニカ」を背景に二人の女性を語ることが、ついてはフェミニズムに通じるところが凄いというかお見事。真偽のほどはわからないが、男性芸術家の影で自らの作品をかすめ取られた？　ロダンの助手・愛人のクローデル、多くの葬られた女性たちをも浮上させるテーマである。そういえば映画「落下の解剖学」では、その逆パターン、夫のアイデアを盗用したとされる女性作家が描かれる。時代も変遷しつつあるのだろうか。

閑話休題。そのフェミニズム、八巻さんが学生の頃、カウンターに卒論の相談に来た。レズビアン・フェミニズムの資料を探していた。ＬＧＢＴＱも少しは市民権を得た今とは違い、当時の状況は言わずと知れていた。しかし、強い印象を残した出来事であり、それが彼女との出会いともなった。

一緒に働くようになった1999年、夏休みに入る直前のことである。「世界は滅びませんでしたね」。ハテと思った。〝ノストラダムスの大予言〟のことを言っていたのだ。それが「〝BENKI〟に偲ぶ」を読んでやっとつじつまがあう。小学生の時に刷り込まれた恐怖だったのか。さらにNHKの朝ドラ「カムカムエヴリバディ」の主人公が同じことを呟いていたので、点が線になる。世代的な共通事項だったのだ。

目次を一覧するだけで、その興味の広さは空のかなたへと飛んでいきそうな勢い、UFOから雑誌タイトルの世界、食関連、ファッション、占星術、かと思えば、彼女の推しの林子平だったりというバラエティ番組。そこにさりげなく関連本を紹介するのが心憎い所であり、ライブラリアンの面目躍如だろうか。そこにあった石牟礼道子の『食べごしらえ　おままごと』、彼女の作品は恐れ多くて触れずにいたのだが、これを読んだ。そして、浄瑠璃のように流麗な語り口の文章に魅せられ『苦海浄土』にたどり着いた経緯がある。誘導力？にも感心する。

先日映画館で、リンドグレーンのロッタちゃんシリーズが、デジタルリマスター版で再上映との予告が流れた。カウンター業務をしていたある朝、憮然として言い放ったこと。

「バムセがワゴンセールで売られてました」「近くにいた子どもが言うんです。ブタだ！ ブタだ！」「ブタじゃない、バムセだ〜！ って言ってやりたかったんですけど……」因みにバムセはスウェーデン語でクマ、それでも強行突破したいロッタちゃんの魅力が隠れている。そのおかげで、私は当日ブタじゃないバムセをゲットして、パディントンやトトロ等のぬいぐるみコレクションに加えることができた。

そのロッタちゃん的要素も含め、変幻自在な八巻ワールドへようこそ！

エッセイスト・元東北福祉大学准教授　大島 真理

目次

ライブラリアン・ラプソディ——エッセイ編

Librarian・Rhapsody

Essay edition

〝BENKI〟に偲ぶ

五島勉[*]が亡くなった。享年90歳。ノンフィクション・ミステリーという手法で書かれた（本人曰く）衝撃的な1冊は、読んだ当時小学生だった私にとって天地がひっくりかえるほどのショックと恐怖と共に脳裏に刻まれている。そう、それは〝人類の滅亡〟をうたった『ノストラダムスの大予言』[*]。彫りの深い女性と思しき人物が固く目を閉じるカバー絵、何かもの言いたげな、予知夢を見ているかのような雰囲気に胸騒ぎを覚えるのである。その後このミステリアスな女性の顔が私の本棚を占めることになるのだが。

＊五島勉
１９２９年北海道函館生まれ。作家、ルポライターとして活躍。１９７３年『ノストラダムスの大予言』を刊行、２５０万部のベストセラーとなりオカルトブームの火付け役となる。２０２０年６月16日に90歳で逝去。

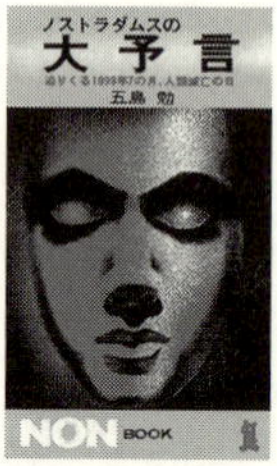

＊『ノストラダムスの大予言―迫りくる１９９９年７の月人類滅亡の日』五島勉著　祥伝社（１９７３年）

一九九九の年、七の月
空から恐怖の大王が降ってくる
アンゴルモアの大王を復活させるために
その前後の期間、マルスは幸福の名のもとに支配に乗りだすだろう

16世紀ルネサンス期のフランスにおいて、医学、天文学、博物学、文献学などを修得し、高名な知識人として、流行作家として、そしてフランス王シャルル9世の侍医も務めたミシェル・ド・ノートルダム（1540年代に南仏で猛威を振るったペストの治療にもあたった）。この詩の作者ノストラダムスのことである。彼が記した予言

の四行詩集は、１５５５年に初版が出版され『予言集』とも、『詩百篇集』とも『諸世紀』とも呼ばれるもので、当時重版もされ、かなり好評を得ていたようである。ノストラダムスの予言は、彼の予知能力から生まれたものであると同時に、占星術的な計算によってもたらされた。つまり『予言集』は、霊感と占星術によって生まれた彼オリジナルの産物であった。しかし、版によりスペルの綴り違いなども多く（16世紀の出版物ではこういった誤りは珍しくなかった）、1文字違うだけでも一つの単語の意味が変わってしまう可能性があり、彼の著作の場合、当時使われなくなった表現や新しい造語が多用されたため、さらなる混乱を招いたと言われている。となると、注釈は版によって訳も解釈も違うものになるということ。オーマイグッドネス！　不安定な駒の上に立たされた五島さん、訳者の運命やいかに！

さて、前記の詩は『予言集』第十巻七十二篇に登場し、五島さん訳『ノストラダムスの大予言』のメインとなる人類滅亡を予言し、私を不安に陥れた忌まわしき四行詩である。まず1行目、「一九九九年七月」とストレートに表現せず、年月の間に「の」が入るという小技があたかも予言が真実かのようなオーラを醸し出す。さらに「空から」がまた尤もらしい描写で「恐怖の大王」の恐怖感が増し、「アンゴルモア」という場所とも怪物ともとれる得体の知れない固有名詞がなおいっそう不安を煽るのである。そして、たたみかける様にこれらと相反する「幸福」という単語がまさに不吉の所以、ヒエロニムス・ボスの「快楽の園」のような混とんとした、不気味でどこかおぞましい世界が想像されるのである。オーマイゴット！

シリーズ累計発行部数が１０００万部を超えるという驚異的なヒットを記録し、映画化もされた(なんと主演は丹波哲郎！さらに文部省の推薦映画だった！)五島さんの代表作といえるノストラダムスの予言シリーズ。後年彼は、ノイローゼになった人ややけっぱちになった人がいたことにふれて、「当時の子どもたちには謝りたい」とコメントしているが、あやふやなことをあやふやなまま抗わずに楽しむ免疫が出来たのは五島さんのおかげです、五島さんありがとう。

ところで作家の命日にその代表作やペンネームなどをつけて業績を偲ぶ文学忌がある。例えば、梶井基次郎なら「檸檬忌」、中島らもだと「せんべろ忌」などなど。五島さんの命日6月16日は「ノストラダムス忌」、いや「勉忌《べんき》」はどうだろう。是非、声に出してこの日を偲んでみようではありませんか。

〃BENKI〃に偲ぶ ふたたび

ノストラダムスの予言シリーズのヒットにより一躍時の人となった五島勉氏。この背景には、彼がクリスチャンの家に生まれ育ったことが影響している。日本にロシア正教を伝導し、日本正教会の創設者でもあるニコライ大主教が函館で布教を始めたとき、最初の信者の一人が彼のおばあさんで、おばあさんから黙示録や予言の話が伝えられ、それらは彼の身近なものだったようである。このニコライ大主教、写真を見る限りノストラダムスを彷彿とさせる風貌なのだが、偶然の一致か？ 神のいたずらか？

さて、五島氏の職業人としてのスタートはルポライターで、『週刊新潮』や『女性自身』などで活躍。週刊誌はその名の通り週に1回刊行される形態で、1950年代は週刊誌の創刊が相次いだ。それまで週刊誌は新聞社系が全盛の時代、全国に張り巡らされた通信網や販売網を生かし、新聞記事をさらに追跡、誤報を修正し内容を組織化して提供するというスタンスであった。しかし、この牙城に切り込んだ初の出版社系週刊誌は新潮社の『週刊新潮』で、その後『週刊文春』や『女性自身』などが刊行された。時代は高度経済成長期の入口、女性の社会進出が進み女性の新しいモデル像が模索された時でもある。男性編集長による『女性自身』のコンセプトは、「女性が内にもっている〝男らしさ〟に呼びか

けること」であった。

『女性自身』から派生した『ＪＪ』（『女性自身』の頭文字！）に代表されるように、女性ファッション誌はまさに女性の〝今〟を映す鏡である。かつ読む雑誌によってその後のライフコースを暗示させるというから恐ろしい。キャー!! 真夏の怪談話より怖くない？ 光文社の『ＪＪ』は10代〜20代前半の対象者層をかわきりに、年代ごとに『CLASSY』→『VERY』→『STORY』と継承され、それらの雑誌に貫かれるイデオロギーは、「高収入の夫と結婚し、優雅に趣味としての家事や仕事、消費を楽しめることが理想的」と女性学、ジェンダー論専門の小倉千加子の分析。さらに『負け犬の遠吠え』*の酒井順子によれば、「勝ち犬を目指すなら光文社系の雑誌、もしくは婦人画報社系の雑誌を選ぶべき」とのこと、これはもうお告げである。今さらそんな事言われても、早く言ってよー!!

私が10代の頃の三種の神器は、『Olive』、『CUTiE』、『mc Sister』。表紙を

＊『負け犬の遠吠え』酒井順子著　講談社文庫（２００６年）

見るだけで震えるほど懐かしく愛おしいこれらの雑誌、当時私を支えていたのは確実にこの3誌であった。平凡出版社（現マガジンハウス）の『Olive』は、フレンチカジュアルをメインに、女の子が憧れる女の子像を体現し、音楽、映画、インテリアなど文化情報が満載、「赤木かん子のYA講座」からはマンガや本の教示を受けていた。宝島社の『CUTiE』は〝for INDEPENDENT GIRLS〟を標榜、ストリートファッションや古着ミックスなど個性的なコンテンツは私のバイブルとなった。また、『Olive』と『CUTiE』をソフトにつないだのが、婦人画報社（現ハースト婦人画報社）の『mcSister』である。さすが婦人画報社！『mcSister』は『Olive』と『CUTiE』でバキバキに鍛えられた体にそっと糖質を流し込むような存在であった。小倉さんや酒井さんの見解の答え合わせをするならば、『CUTiE』で〝INDEPENDENT GIRLS〟を模倣していた時点ですでにアウト！さらに、『Olive』で染まったサブカルＬＯＶＥな体質は、もはや『mcSister』をもってしても〝勝ち犬〟へと中和されることはなかったのである。The End……

閑話休題。ノストラダムスもなんと雑誌とは無縁ではなかったのである。彼は１５５０年頃から毎年アルマナック（年鑑）を出版しており、その内容は占星術的計算により月齢や二至二分、天気の長期予報など農作業に不可欠な情報や、季節ごとの美容や健康のアドバイスあるいは政治や戦争の動向、王侯貴族の行動予測までもが対象だった。アルマナックは毎年刊行される消耗品という性質上、いわゆる雑誌の原型だといえる。雑誌の「時世を読む」あるいは「先取りする」という属性が、五島氏とノストラダムスの運命を結んだのかもしれないと思う今日このごろである。

タロー・ジロー物語

極寒の南極の大地。鎖につながれたまま置き去りにされた南極観測隊の樺太犬の兄弟、タローとジローが1年後に発見され救出された奇跡の物語。この2匹を描いた１９８４年公開の映画「南極物語」により彼らの存在は私たちの知るところとなる。しかし、私が思いをはせるのは、また別のタローとジローの物語。

歴史的出来事を象徴する作品、「ゲルニカ」と「崩れ落ちる兵士」。一つはピカソによる絵画、もう一方はキャパによる写真、どちらもスペイン戦争のイコンとして世界中の多く人の中に生きている。二つの作品、二人の男性、そしてタローとジロー。

『Life』誌に掲載され（正確には再掲載、最初は『Vu』に掲載）、世界に衝撃を与えた「崩れ落ちる兵士」は、丘を駆け降りる兵士が銃弾によって崩れ落ちる瞬間を捉えた一枚である。これは1930年代ヨーロッパにおけるファシズムの台頭に抗うスペイン戦争の最前線を知らしめたと同時に戦場カメラマンとしての〝ロバート・キャパ〟が誕生した一枚だったと言えるだろう。しかし、この写真にはいくつかの疑惑がある。「兵士は狙撃されて倒れたのではなく演じたものではないか」、「キャパ本人

が撮ったものなのか？」と。彼にはこの時同伴者がいた。彼女の名はＴＡＲＯ、ゲルダ・タロー（パリへ遊学中だった岡本太郎から命名）である。そう、このタローこそが「崩れ落ちる兵士」を撮影したのではないかというものである。タローは、当時ユダヤ人であることが生命の危機を意味したヨーロッパで、ユダヤ人として生き延びるために写真という手段によって、キャパの理解者として、恋人として、運命を共にする同志として時代を鮮明に映し出すことに成功する。

そして、写真のクレジットは、キャパとの共同作業としての〝フォト／キャパ〟から、〝フォト／キャパ＆タロー〟、そして〝フォト／タロー〟と、彼女の心情を代弁するかのように変化する。独立心の強いタローである。キャパの名声の後をついていく存在から解放され、一人のフォトジャーナリストとして自立できた喜びは計り知れない。もっと良い写真を、もっと戦闘の近くへ、もっと真実を世界へ。しかしその矢先、戦車の下敷きとなり志半ばでこの世を去るのである。

「ゲルニカ」は、ファシズム勢力によるスペイン、ゲルニカへの無差別爆撃への憎悪の表明としてピカソが描いた作品。魂の抜けたような闘牛の頭、殺された子どもを抱いて泣き叫ぶ女性、転がる屍。この制作過程を写真で記録したのは、「泣く女」のモデルでもあるピカソの恋人ドラ・マールである。しかしここに登場するのは、ドラの後にピカソの弟子となり、助手、恋人、そしてミューズとなった画家のフランソワーズ・ジローである。彼女は画家として高く評価され、現在も芸術家として活躍するが、ピカソのもとを去った唯一の女性である（ピカソはその生涯で何人もの女性がいた）。２０１９年彼女が97歳の時のインタビューで、「芸術家は自身にとって真実とは何かを追求するだけだ」、「芸術家であるために性の違いは関係するとは思えない」と語ったが、かつて「女性は2種類しかいない、女神か、ドアマットか」と言ったピカソの元を去ったことが、彼女が芸術家として成功した最大の英断だったと思えてくる。有能な男性の影となるか、自らが光となるか、才能ある女性の永遠のテーマである。

タローの物語を読んだ時、「あれっ、ピカソにもこんな名前の恋人がいたはず。タローはピカソの恋人でもあったのか？」と考えた。ところがピカソの恋人はジロー、「タローじゃなくてジローだったかー」というお話。長～い前置きで何を言いたいかというと、ライブラリアンはこういうことを存分に楽しめる人がむいていると思うのである。点から線、線から面へと広がる世界観に至福を感じる資質。物事を結びつける嗅覚、再構築するスキルとひらめき。ライブラリアンの果てしない物語である。

筋トレのはじめ方——呪文編

「これ、アグリゲータだよね。エンバーゴ調べてくれる？　うーん、アーカイバルアクセスの保証ないよね。」

ご理解いただけただろうか？

ワニが大きな口を開けて、飼育員が虫歯の数を数えている場面を思い浮かべたあなた、ブラボー！　素晴らしい想像力の持ち主である。が、残念ながら不正解。

まず、アグリゲータとは複数の出版社の電子ジャーナル（ＥＪ）を分野ごとにまとめて提供する業者のことで、いわゆる複数のブランド品を集めたセレクトショップのようなものを想像してほしい。電子ジャーナルを横断的に検索でき、フルテキスト（全文）も見ることができるが、刊行後一定期間は提供禁止（エンバーゴ）などの制約があり、例えば最新の論文が読めるのは半年後という具合である。またこのサービスでは、契約期間中は学術情報データを自由に見ることができるが、契約を中止した時点でそれらの情報は一切見ることが出来なくなる（形のないものの最大のネガティブ要素！）。

　と、こんなことを話題にしていたのである。

タツ実：「ラビット社のＳＳＨパッケージのPyonPyon誌、今度からＯＡに移行するね。」

ウサ世：「コアタイトルだったから、パッケージの金額下がりますね！　それからドラゴン社からBandの確認きてます。ＦＴＥ出しときますね。」

大学図書館の雑誌担当者にとって、これはまだ初歩的な会話といえる。何が？　というと、電子ジャーナルの契約に際してのやり取りで、契約は基本的にジャン・デックなので9月中旬ぐらいになると頻繁にこのような言語が飛び交うのである。あらっ、ここでも不思議なワードが出てきましたね。ジャン・デック＝Jan―Dec、口どけなめらかな新発売のチョコレートではありませんよ！　契約期間が1月―12月のこと（年度ではなく）、January―Decemberを訳してこう表すのである。

さて前述の会話の解説をしてみよう。ＳＳＨは、社会科学・人文科学の分野を指し、Humanities と Social Sciences の頭文字を取っていて、HSSとも言う（同様にSTMは、科学・技術・医学の分野のこと）。パッケージは、該当分野の複数タイトルをセット化して出版社が提供する形態のもので、パッケージ契約をすると自館で実際に契約しているタイトル数（コアタイトル）よりもはるかに多くのタイトルを利用できるというメリットがある。例えば、10誌契約するのとさほど変わらない契約金額でパッケージ内の300誌が飲み放題、いやいや読み放題！　というわけである。凄いでしょ？　でもでも、である。沼地にはまる恐怖とでもいおうか、〝あったものが無くなる〟不安から契約し続けなければ！　というプレッシャーと価格高騰や雑誌の移管といった脅威が常につきまとう。ちなみに、アグリゲータとパッケージの違いの一つは情報の鮮度である。後者は、最新の情報をいち早く入手できるが割高となる。

前述は良い例で、パッケージ内のコアタイトルであるPyonPyon誌が、OAつまりオープンアクセスとなり、この電子コンテンツには無料でアクセスできるようになるということ。たいていの場合、研究や教育などの目的で自由に利用ができる。近年、全世界的にこのOA化が進んでおり（様々なケースあり）、これを視野にいれた出版社の新しい提案も出てきている。話を戻すと、コアタイトルの合計金額をベースにパッケージの契約金額が決まるので、1誌でも減るとそれだけ経費が抑えられるのだ。それでなくても、図書館は〝金食い虫〟なんて揶揄されることもあり、誰のためよ？と思いながらもヤッター！である。さてさて、Bandは電子的コンテンツを契約する際の出版社による価格設定方法の一つで、購読機関の教職員や学生などの構成員数（FTE）などがそれである。

さらに、プライスキャップやリバースチャージ、APCにアクティベートなど、次々と呪文のような言語がこの時期ささやかれる、いや響き渡るのである。言語の習得はトレーニングに近いらしいから、呪文のための筋トレをさぁ明日から?!（今日からじゃなくて！）はじめよう。

鰤・なます♪
牛蒡・田作り・栗きんとん♬
煮しめ・数の子♪♪

2021年が始まった。Happy New Year! ハッピーを願わずにはいられない年の始まり。

ハッピーを願ってタイトルはおせち料理を並べてみたが、ぜひ〝七草粥〟のリズムで読んでほしい。めでたい気分になったでしょ？

さて、例年であれば、新年最初の図書館展示企画は福袋ならぬ〝ぷく袋〟。幸運を運ぶ七星てんとう虫をモチーフにした図書館キャラクターの「ぷくてん」×福袋で〝ぷく袋〟である。なんと言っても企画する私たちがトキメく展示である。それぞれ袋に入れる本を決め、本のオビを使ったり、折り紙に色画用紙、マスキングテープを施したりと各々のスキルとアイディアを活かし袋にデコレーションしながら、「借りてちょうだいね！」との思いも込めて、自身の選書眼と創作技の力試しのような気分でもある。また借りる側は、ロシアンルーレット的でもあり、運だめし的でもあり、年の始めの企画としては華やかで心躍るものとなる。しかし、現在はコロナ禍による制限付きの図書館利用となり、これもかなわず静かな年の始めである。

２０２０年、私たちの周りには耳慣れないことばが蔓延した。ソーシャルディスタンス、三密、クラスター、不要不急、オーバー

シュート、除菌・殺菌・滅菌など、どれもコロナ禍で氾濫していることばである。いずれもあまり喜ばしいものではないし、ステイホーム、ＧｏＴｏトラベル、ＧｏＴｏイート、これらのことばに敏感になりながらも、簡素化されたキャッチーな表現に、事象もさることながらちょっと困惑しているのも事実。そんな中私たちを和ませてくれるのは、アマビエやヨゲンノトリといった神秘的なひびき。

アマビエは、京都大学附属図書館の所蔵資料である、江戸時代後期に書かれた瓦版に登場する。魚のようなウロコと尾ビレのついた身体をもち、人間のような黒髪に、口は鳥のようにとがり、光輝く瞳をもつ。疫病を予言し、疫病が流行ったときにはその姿を描き写した絵を人々に見せなさいと記してある。一方、ヨゲンノトリは山梨県立博物館が所蔵する『暴瀉病流行日記』にその挿絵とともに登場。当時流行していた「暴瀉病《コレラ》」をヨゲンノトリを信心することで難を逃れられるだろうとのうわさ話を書き残したものである。アマビエもヨゲンノトリもその存在の真偽は別として、窒息しそうな閉塞感から一瞬解放してくれる希望の光となった。これら江戸時代の文書を紐解いて、現代のヒントとなるような「光明」を見出すとき、歴史や文化を蓄積、継承する図書館や博物館の果たす役割を改めて思うのである。

読売新聞社が読書週間（10月27日～11月9日）を前に行った世論調査では、新型コロナの感染が拡大した後、読書時間が「増えた」と答えたのは12％、また直近一か月に本を読んだ人に限定すると「増えた」が25％となった。ロンドン・ビジネススクールのリンダ・グラットン教授は、「人生百年時代」というフレーズの提唱者であり、人材論・組織論の権威として知られた人物である。『コロナ後の世界』*の中で彼女は、人生百年時代にあって「無形資産」の重要性を説いている。それは、社会や組織に頼らない自身のスキルやキャリアに基づいた人間関係の構築や肉体的・精神的な健康を保つこと、また変化する社会や自身の心身の状態の変化に向き合いつつ、性別・年代・仕事・国籍を超えた人たちと関わりを持つことである。加えてポスト・コロナ時代には、「透明性」、「共同創造」、「忍耐力」、「平静さ」も重要だとも。彼女が

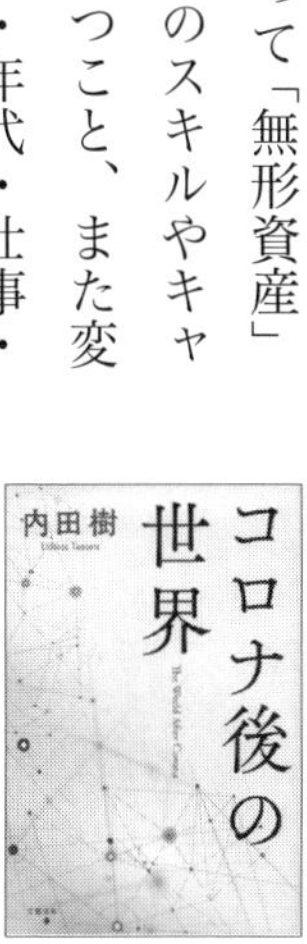

＊『コロナ後の世界』内田樹著　文藝春秋（2021年）

言うように、何かが変わりつつある今、私たち自身も変わるための新たな学びを始めなければならない。

「自由とは、どこかへ立ち去ることではない。
考えぶかくここに生きることが、自由だ。
樹のように、空と土のあいだで。」

との長田弘の「空と土のあいだで」の一節を胸に、歴史に学びつつ、風のように自由な思考と夢想や想像をともなうフレームなしに周囲を観察し、想像する「微候な知性」（白石嘉治提唱『思想としての〈新型コロナウイルス禍〉』*）を求めて羽ばたこう！

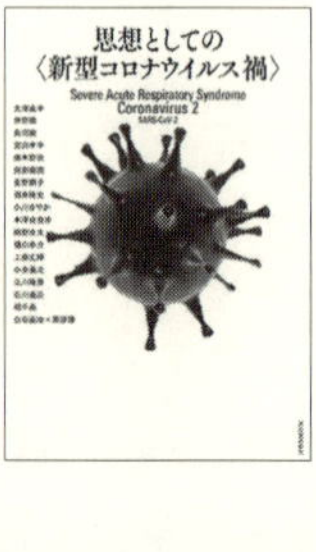

*『思想としての〈新型コロナウイルス禍〉』河出書房新社編集部編　河出書房新社（2020年）

「エリンギのジョン」と「竹輪のハラキリ」

「エリンギのジョン」とは、「浮世離れしていること」の例え、はたまたエリンギを背負って走り回る陽気な名犬ジョンのこと（友人Mは人生初の飼い犬の名が「ジョン」であったことから犬全般をジョンと呼ぶ）かと思いきや、本日のお弁当のメニューである。エリンギはご承知のとおりコリコリした歯ごたえが特徴的なキノコの一種。そしてジョン＝チヂミ、代表的な朝鮮料理のことで、肉類や魚介類、野菜類などに小麦粉や米粉などで作った生地をまぶして焼いたもの（全国調理師養成施設協会編『総合調理用語辞典』*参照）。つまり、エリンギのジョンとはエリンギに小麦粉などをまぶして焼いた料理

*『総合調理用語辞典』全国調理師養成施設協会編（２０１４年）

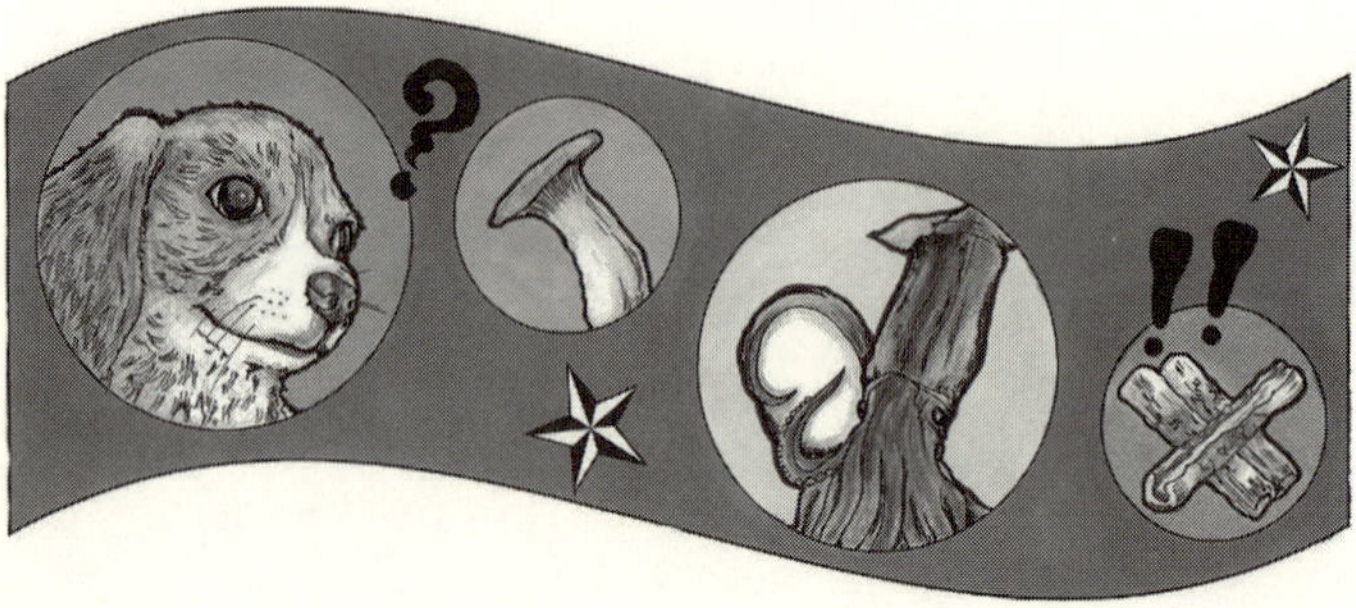

のこと。う〜ん、「エリンギのジョン」の正体がわかったにもかかわらず、名犬ジョンの姿が真っ先に浮かぶのはなぜ？

「竹輪の肉詰め」こちらもお弁当メニューであるが、「いかたまらん」とならぶ乱暴な!? レシピの一つじゃないかしら。まずは「いかたまらん」の解説から。「いか」は海生軟体動物の烏賊のこと、たまらんの「らん」はキジ科に属する鳥類の一種である鶏の卵のことで、とんちの効いた商品名である（たぶん）。この製品は、烏賊に半熟状態の卵を丸ごと詰め込み、しっとり柔らかいイカと半熟卵のまろやかな味わいを堪能できる、まさに、〝イカ〟と〝タマゴ〟の奇跡のコラボレーション的逸品である。が、烏賊と卵!? それぞれの気持ちを慮《おもんぱか》るとなんとも複雑である。動物界に属するということ以外なんの共通点もない両者、海の生き物である軟体動物門に属するイカの腹の中に、陸の生き物である脊索《せきさく》動物門のニワトリの卵が詰め込まれた状態、ナンセンスな気がしてならない。この世の不条理を表現した一品といえるかもしれない。

さて、竹輪レシピは数知れず、どうしてこの料理が誕生したのか不思議な「竹輪の肉詰め」。その名の通り魚肉のすり身を竹棒に巻き付けるという製法により、真ん中に穴が開いている竹輪。想像してみよう、それほど大きくない竹輪の輪つまり穴である細い隙間に、ひき肉を詰め込んだのが「竹輪の肉詰め」の正体である。そんな細い穴に肉を詰め込まなくてもいいのでは？と思わずにはいられない。結果的に、詰めきれなかった肉のせい？ で、竹輪はその胴体!? を斜めに切り裂かれ、見るも無残な痛々しい姿（と思うのは私だけ!?）となった「竹輪の肉詰め」＝「竹輪のハラキリ」、正確には「竹輪のハラキラレ」的一品なのである。肉が詰められハラを切られた竹輪にそっとかかるあんかけに少しだけホッとしながらも無情を思わずにはいられないのである。

「新しい料理の発見は、新しい星の発見よりも人類を幸福にする。」と言ったのは、『美味礼讃』の著者ブリア＝サヴァランだが、神経人類学者であるジョン・アレンによって書かれた食文化のエッセイ『美食のサピエンス史』＊の中で、「私たちは脳で食べている」との一説が印象的である。ヒトにとって「食べる」とは、摂取や消化だけの話にとどまらず、そこには意思決定と選択があり、脳の発達した神経経路・神経ネットワークと、身の回りの文化的環境によって形成されるというものである。また、味の知覚は分子生理学的には味覚受容体と嗅覚受容体がコンビで活性化されることによって生まれるが、歴史や文化、あるいはイデオロギーもが「味覚」を決定する重要な要因であるとし、「食べる」という行為がいかに複雑で重層的で想像的であるかがうかがえる。

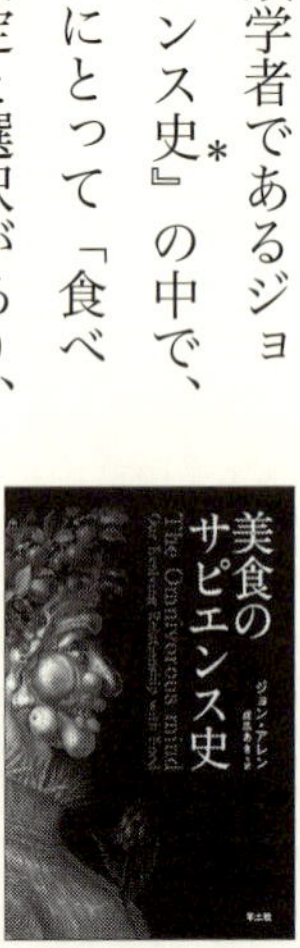

＊『美食のサピエンス史』ジョン・アレン著　成広あき翻訳　羊土社（2020年）

だから、「エリンギのジョン」も「竹輪のハラキリ」も私の感情を揺さぶるのである。もし同じ日のお弁当にこの二つが並んで入っていたら、心が混乱して純粋にランチを楽しむことはできないよなぁ。「感情トッ散らかり弁当」とでも命名しよう。

マーチ in March

時空を超越する美しさ。慈悲ぶかい微笑をたたえた表情、しなやかに組まれた足、頬に軽く当てたなめらかな指に腰から足元まで流れるようにうねる着衣の様子。思わずウットリ。サンスクリット語でマイトレーヤ、「慈《いつくしみ》から生まれたもの」を意味し、弥勒菩薩ともいわれる菩薩半跏像《ぼさつはんかぞう》（伝如意輪観音）。右頬に当てられた手は、遠い未来に悟りを開いたとき、どのように人々を救おうかと、まさに思惟していることを表しているのだという。あぁ、何度見てもウットリ。飛鳥時代の最高傑作、半跏思惟像とは二度目の対面となる。一度目は奈良の中宮寺で、二度目は東日本大震災復興祈念の特別展「奈良・

中宮寺の国宝展」の宮城県美術館である。仏像を移動して展示する際、仏像から「魂を抜く法要」が行われるそうだ。だからやはりホームに鎮座されているときの方がしっとりと落ち着いた美しさが際立つと感じつつも、再会の幸運を感じるのである。

震災から10年。東日本大震災復興祈念の特別展は東北の美術館や博物館で開催され、東大寺・公慶堂蔵、快慶作「地蔵菩薩立像」や国宝「吉祥天女」、若冲の「樹花鳥獣図屏風」とも対面を果たした。その度に、美しいものに宿る怪異な魔力にゾクゾクし、惚れ惚れし、しみじみと感じ入り、時間を忘れるのである。

人の時間の感覚は不思議なもので、身体的なものに由来するのか、心理的なものなのか、もしくはその両方なのか、震災が3年前だと言われたらそんな感じもするし、20年前と言われればそんな気さえする。10年は長いのか短いのか？　最近書架を歩いていたら、一度水分を吸って膨れ上がり、変色した本に目がとまった。と同時に一気にあの時にタイムスリップしたのである。

3月11日の次の日だったか次のつぎの日だったか、電気が復旧し、火災の危険もあるので図書館内を確認して歩いた。開架部分の、分類379、社会教育あたりの天井から大量の水が噴き出し、シャワールームと化しているのを発見した。「何ごと!?」……。天井を抑える人、バケツで水をかき出す人、天井裏で原因を探る人と無我夢中である。流れ出る水の量にバケツで汲み出す水の量が追いつくはずもなく、散乱した本がみるみる水に浸かり、のちに廃棄となった。疲労感と、むなしさと苛立ちがドォーっと押し寄せてきたっけ。あっ、でも私あのとき不覚!?　にもお腹すいてた！　とこんなことも思い出し、さらにその後に食べたあったかいカップ麺が体中にしみ渡っていく感覚まで蘇ってきたのである。そして、なぜかこの瞬間、10年の歳月をフッと感じたのである。人の感覚って摩訶不思議！

私の里子おのくんは、東松島からやってきた。長いしっぽでくりくりおめめのやんちゃ坊主（のはず！）。里親募集に申し込んでから4年の歳月を経て私の手元にやってきた。宮城県東松島市の小野駅前応急仮設住宅（現在は、東松島市陸前小野駅前の「空の駅」がおのくんの実家）のお母さんたちが中心となり、「東松島を知ってほしい。東松島に来てみてほしい。」との願いから生まれた靴下人形のおのくんは、今ではなんと10万人以上の里親がいるようだ（2020年時点）。近年では図書館の震災展示にも積極的に参加してくれたり、私の愚痴を涼しい顔で聞いてくれたりと頼れる存在に成長した相棒おのくん。今日は「めんどくしぇ」（おのくんの口癖）とぼやきながら、机の上で長い手足を投げ出してのんびりしている。

ドイツ人芸術家グンター・デムニヒによってつくられた「つまずきの石」は、

ホロコーストの犠牲者が住んでいた家の前の路上に、約10㎝四方の小さなブロンズ製の碑を埋め込むというプロジェクトである。躓き、発見した「つまずきの石」から、今私たちがここにいることの意味を考えずにはいられない。そんなことを思う3月を今年もむかえる。

※これを書き上げた直後の2021年2月13日深夜、福島県沖を震源とする最大震度6強の地震が福島県や宮城県を襲った。社会学者の仁平典宏さんの言うように、私たちは震災後の「災後」を生きているのではなく、災害に挟まれたつかの間の平時「災間」を生かされているのでは？と思い至るような自然の脅威に再び直面したのである。

妄想リフレイン

ジャケ買いの経験あります？ 最近ではご当地ものや珍味のジャケ買いとついつい外見に魅せられることが多いのだが、私の統計上、不思議と失敗した経験は少ないように思う。ジャケットの発するにおいから自分が求めるものを嗅ぎ分ける嗅覚がカギとなるが、中身の魅力を最大限に表現するには、ジャケットの世界観はきわめて重要だということ。『人は見た目が9割』*、外見は大事ってことか。

さて、定期的に刊行される専門雑誌の受入れと登録作業、配架が私のルー

*『人は見た目が9割』竹内一郎著　新潮社新書刊（2005年）

ティンワークの一つである。ある心理系の洋雑誌はカラー写真を多用しているため、うっかり持つと手首が折れる！と思うほどズッシリした重量感がある。反対に、薄くてペラペラの紙質のため、ちょっとでも湿気があると面だしの書架の上でお辞儀をするように力なく首を垂れている雑誌もある。どちらも気を付けないと私の身体に、もしくは雑誌の本体に支障をきたすことになる。これも雑誌の形態上のオリジナリティ、だが雑誌のジャケットつまり表紙もオリジナリティ溢れる世界観を見せてくれる。

あるときは、オレンジの体に白のシマシマが際立つハマクマノミ、あるときはギンガメアジの群れと、毎回様々な海洋生物の写真が表紙に登場する専門

誌。写真のクオリティも高く表紙から推測すると、タイトルは「ビューティフル　Ｏｈ！　シャン」、内容はダイバー向けのものか、あるいはサカナの飼育に関するものかと思われるが、実はその中身は高齢者福祉に関するものである。タイトルは「老〇」。マジで？

　毎度読む人が限定されているからこそできる信頼のミスマッチ、中身とは程遠い表紙がかえって雑誌を作る人の顔を浮かび上がらせる。しかしこの雑誌、リニューアル後の実情は、内容に沿った写真、高齢の方や施設のイベントなどが表紙になり、外見と中身がマッチして落ち着いたかと言うと、少々物足りないのである。なんでサカナ？　と思いつつ、各地の海の生き物をカメラに収める関係者の並々ならぬ熱意を思うと、サカナロスの自分を発見する。だがリニューアル後もサカナは残った！　誌面上に小さなコーナーが設けられ、写真とともにコメントが添えられ、引き続き彼の情熱は継承されたのである。めでたしめでたし。

次に紹介するのは看護系雑誌。ある年には〝ネコ〟を、次の年には〝イヌ〟のラブリーな写真を表紙に採用。〝癒し〟を最も必要としている業界だということがうかがえる。以前にもスイーツやモヒート、風景写真やイラストなどが表紙を飾り、精力的に表紙のイメージチェンジを図っている。ネコにしろ、カクテルにしろこれも外見から中身が想像しづらい雑誌だが、特定の読者向けの業界誌であるからこそ外見に思考をこらし、常にフレッシュな気持ちで仕事に挑めるようにとの編集者側の思惑が見て取れる（ですよね？）。シンパシーを感じつつも、表紙の謎への妄想は深まるばかり。

また、その心は？　と問いたくなるのが教育系の某雑誌。新世紀エヴァンゲリオン「人類補完計画」を完全に真似ている。字体や文字の配色まで一緒、「新・学習指導要領補完計画」なる文言が躍っている。編集する人の趣味かなと推測しつつ、なんとも違和感がぬぐえない。これを手に取った同業者は何を思っただろうか？「新・学習指導要領補完計画」、骨の折れる仕事なのは間違いない。

〝どこがそうなって、こうなったの？〟という、ゲインロス効果（ギャップが大きいほど強い印象を与えるという心理学用語）的内容ほど想像力は掻き立てられる。物事の背景にあるドラマを想像、いや妄想し、新たなストーリーにスイッチするのは一種の冒険である。ジャケットの裏に広がる見えない世界、妄想リフレインはやめられない。

ROCKMUSAI ✡ ShiHey！

親もなし
　妻なし　子なし
　　版木なし
　　　金もなければ
　　　　死にたくもなし

絶望の境地を漂わせるこの狂歌は、寛政の三奇人の一人、江戸時代の思想家「六無斎」こと林子平のものである。蟄居を命じられ、56歳で亡くなるまでの約1年のあいだ、狭く暗い一室に幽閉され、外出も出来ず、読むべき本もない子平にとって狂歌を詠むことが唯一のなぐさめであっただろう。親を亡くし、生涯妻をめとらず、子もいない。子平畢生の大著、十六巻からなる海防の書『海國兵談』は、出板資金を募りやっとの思いで自家出版した版木は世の中を乱すとして没収され、お金もなく途方に暮れども死にたくもない。ナイナイ尽くしの自身の半生を詠んだ狂歌、子平が「六無斎」と名乗る所以である。

職場の近所にある和菓子屋の「子平堂」、この林子平から名前を取っている。名物はもちろん「子平まんじゅう」。茶色と白、そして緑色の3種類の饅頭の皮（緑色のまんじゅうは他の2色よりも若干値段が高い！）の中にはあんこがぎっしり詰まっていて美味である。ちなみに図書館キャラクターの〝ぷくてん〟の好物は、子平まんじゅうなの。

さて、「子平堂」の包装紙、子平をかなりリスペクトしたもので、子平まんじゅうのあんこ同様、子平の業績がぎっしりと詰まっている。紺地に、見開きの本のページをかたどった白抜きのデザイン、まず目に飛び込んでくるのが子平の著作『三國通覧』と『海國兵談』の文字。そして、『三國通覧（図説）』を彷彿とさせる、蝦夷、琉球を含む日本を中心とした周辺各国の地図と、遊学先の長崎で描いた三本の帆柱を持つオランダ船、また彼が考案したと称される日時計の絵（「紅毛製大東日」と刻す石造りの日時計は現在も塩釜神社にある）、さらに子平の肖像画も描かれている。その手には筆と紙、様々な記録をしたためつつ、軟弱な日本の海防の策を練りながら日本全国を行脚した様子がうかがえる。そして、前述の狂歌も記されており、時代の最先端をいった子平の功績の大きさと、それに伴う悲劇をものがたる。

東北大学附属図書館には、子平の著作が所蔵されている。天明六年に江戸の書肆管原屋市兵衛から刊行した『三國通覧図説』と、寛政三年に刊行された『海國兵談』十六巻三冊である。管原屋市兵衛は、当時の知識人である杉田玄白の『解体新書』や平賀源内の『物類品隲』なども手掛けた、日本橋に店をかまえた本屋である。世界地図や地理書の刊行にも積極的で、世界の情態を日本人に知らしめる役割を果たしていたと言えるだろう。しかし、時代の先を行く著作を出版することは、幕府からの絶板処罰などの危険を伴うものでもあった。子平の著作もその一つで、子平の『三國通覧図説』を刊行したことで、市兵衛も重過料を科せられている。しかし、子平のような反骨のロック魂を持つ著者と出版人の気骨によって産み落とされたこれらの本は、時代を超えて生き残り、現代の私たちの目の前に存在する。この奇跡に感動と、人間の可能性を見るのである。

子平の生涯を小説化した植松三十里著『命の版木』（2008年9月中央公論社刊行『彫残二人』を解題）には、職人気質の女性彫師が登場する。彼女の卓越した技術で、子平の思いを命がけで版木に刻むのだ。そして、恋仲となった彼女のおなかには子平の子どもが……。子平！　いよいよ〝六無斎〟

回避なるか！

すくふべきちからのかひもなか空の
恵にもれて死ぬぞくやしき

桜の木の下で、子平まんじゅうをほおばりながら、子平の辞世の歌から彼の無念に思いをはせる、「今年こそ子平堂の子平まんじゅうを持って、子平町の龍雲院にある子平のお墓を訪ねよう！」と誓うのであった。

「子平堂」「子平まんじゅう」「子平町」、〝六無斎〟改め〝三有斎《さんゆうさい》〟ShiHey！いかがでしょうか？

色、イロいろ　だけど……むらさき

つまらない。気分がのらない、面白くない。あれっ、三無斎!?

コロナ禍で外食もままならず、旅行もできず、甥っ子、姪っ子にも会えない、ストレスフルな彩りのない生活。何とかしてよ〜と目に留まったのが『鉱物のお菓子　夏　結晶ゼリーとムースと氷菓子のレシピ』*。鉱物を「美味しそう」と思った著者が、鉱物を模してリキュールなどで色付けしてつくったお菓子のレシピ本。キラキラしていて色がきれいでついつい見とれてしまう。

「キレイだなぁ」、やっぱり日常に彩りは必要なのよ!

*『鉱物のお菓子　夏　結晶ゼリーとムースと氷菓子のレシピ』さとうかよこ著　〈レシピ・レクチャー〉きらら舎・アドリア洋菓子店・Ｂｏｏｋ＆Ｃａｆé ＡＰＩＥＤ　玄光社（２０２０年）

小学生のマストアイテム「サクラクレパス」は、夏休みの宿題の思い出とともに、そのパッケージは脳裏に刻まれている。２０２１年で創業１００年を迎え、これと時を同じくしてつくられたのが時計メーカーとのコラボ商品、１００色展開のクレパス柄トケイである。懐かしいサクラクレパスにノスタルジーを感じながら、その色のグラデーションに思わずトキメく。パステルカラーにビビット系と同じ色でもバリエーションが豊富、ついにパステルなライト・ラベンダー色が私の腕に新たな色を添えたのである。「テンション上がるよね♪」それもそのはず、ある調査では、かわいいと感じるものの一つにパステルカラーが入るらしく、また

かわいいという感情と快適性や活動性には相関関係があり、かわいいと感じるとその両方が上がるというのだ。やっぱり〝かわいい〟は無敵なのだ。

さて、このライト・ラベンダー色、日本の伝統的な表現でいうと藤色になるだろう。職場の近くに「子平町の藤」（またまた子平登場！）がある。仙台市指定保存樹木にもなっており、豊臣秀吉の命で朝鮮に出兵した伊達政宗が持ち帰った歴史のある藤、現在も毎年美しい花を咲かせている。頭上から藤色の滝のように花が咲き乱れ、その香りもあいまって妖艶な様子である。

日本人の色彩嗜好の動向を調査したデータには、なかなか面白い傾向が導き出されている。* 日本人の色の好みの類型は、明るい色を好むタイプと暗い色を好むタイプがあり、次に鮮やかな原色調を好むタイプと落ち着いた中間色調を好むタイプに区別され、さらに紫色を好む人と嫌いな人というグループが認められるという。この紫好きは、生活面でも意識面でも「ゆとり」のようなものが感じられ、他の類型に属する人よりも生活状態と意識の間のバ

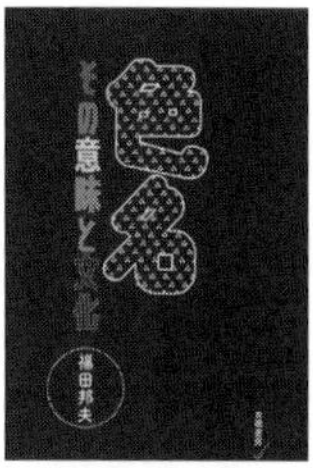

＊『色名　その意味と文化』福田邦夫著　青娥書房（2022年）

ランスがとれていると紹介されている。あなたの周りの「紫好き」さんはどうですか？

江戸時代後期の琳派の絵師、鈴木其一の「朝顔図屏風」は大きな花の群青と、身をくねらせるようにうごめく葉と茎の緑青が艶めかしい。彼の父親は、紫染の職人であった。紫染は染物の中でもいちばん格が高く、「紫師」と呼ばれ他の染物職人とは別格だったそう。古代紫ともいう赤みがかった京紫は、日本で初めて官位が定められたときから高貴な人しか身につけられない禁色であった。一方、青みがかった江戸紫は「いき」な色として江戸っ子の自慢だったらしい。

カメレオンのような性質を持つ鉱石アレキサンドライトは6月の誕生石。ある時は青みがかったグリーン、ある時はオレンジ、またある時は赤紫と、光の種類や見る角度によって様々な色を見せる。これは鉱物が複雑な方法で光を吸収することに由来するが、紫陽花は土の酸性度よって青やピンク、紫など様々な色の花を咲かせる。こちらも職場の近くにある「あじさい寺」と言われる資福寺は、敷地内に１２００株ほどの紫陽花が植えられ、６月の梅雨の時期になると境内の随所で一斉に花が咲き圧巻である。あらっ、気が付いたらスクールカラーもむらさき。むらさきに囲まれる生活、私の精神状態はきっと安定しているにちがいない。

色、イロいろ　あえて……Kurenai紅

京都大学学術情報リポジトリ、その名は〝ＫＵＲＥＮＡＩ〟「紅」。２０２２年３月末時点で、収録論文数は21万件。そのうち紀要３１５誌、学内で発行している紀要の数も相当数に上るのがわかる。

リポジトリとは、大学や研究機関が主体となって所属研究者の知的生産物を電子的に収集、蓄積、提供するシステム、またそのサービスのことで、機関リポジトリや学術機関リポジトリとも言われるものである。収録される知的生産物は、その機関の方針により、査読済み学術雑誌論文からプレプリン

ト、教材、美術資料など多岐にわたり、京都大学の場合、学位論文もリポジトリに含まれているので、いわゆる〝卒論〟と言われる学生の4年間の集大成の論文も読むことができる。

学術研究成果を誰もが無料でオンラインで利用できるようにするオープンアクセス（OA）化が、世界規模で広がっている現在、大学などの学術機関による研究成果の情報発信機能は重要性を増していると言える。

そして、実際の学術情報の収集と公開の促進に関しては（もちろん蓄積の部分も）、リポジトリを設置する機関の図書館が中心となって業務が進められているケースが多く、本学図書館もこの例にもれず図書館がこの業務を担っている。だから図書館に求められる業務も多岐にわたるということだが、とにかくこの京大の〝ＫＵＲＥＮＡＩ〟「紅」というリポジトリ名、その収録数をしのぐほどのインパクトである。

朱子学は、中国、南宋の朱熹《しゅき》によって築きあげられた、北宋以来の潮流に基づいて大成した儒学の体系である。十九巻からなる朱熹撰の『四書集註』は、四書（大学、中庸、論語、孟子）の注釈書で、程子らの注釈や自身の注釈を加えたもので、「五経」（『詩』（詩経）、『書』（書経）、『礼』（礼記）、『易』（易経）、『春秋』）と併列させた。次第に学校教育において独尊的地位が与えられるようになったのである。この朱熹の「朱」、中国では家族の姓として使われており、朱姓はとりわけ由緒ある姓の一つである。そして、漢民族の中華思想では、朱こそ東洋美を表す典型的な赤だったという。

紅色、朱色と、赤色には幅があるけれど、ある占いによると私のラッキーカラーは赤。赤はごく最近まで、日本人の先祖たちにとって厄除けの象徴であったという。漁師の赤褌は、鱶《フカ》（サメの俗称）よけのまじない、浮世絵などに見られる婦人の赤い腰巻も厄除け効果のためだったらしい。祝儀の時に用いられる赤飯、ぜんざいの「小豆色《あずきいろ》」も、赤小豆が厄除けのまじないであった名残りであるという。また、古代オリエントでは、おそらく魔除けのために、唇に赤土を塗っていたというから、太古の昔から使われてきた赤は、魔除け、厄除けのおまじないであったのだ。そうか！　私のラッキーカラーは魔除け、厄除けの「赤」というわけか。とすると、何から守ってくれるのか？　知りたいところだけれどね。

朱色よりも落ち着きのある「柿色」は、熟した照柿の実のような色である。17世紀から続く磁器の名門柿右衛門。江戸時代前期に、夕陽に映える柿の実のような色の絵付け磁器を焼き上げることに成功し、これによって藩主鍋島侯から柿右衛門の名を賜ったとか。

ラファエロの絵画「レオ十世と二人の枢機卿」は、画の中の二人の枢機卿の帽子や服の鮮やかな赤と、中央のレオ十世が身に着けているディープで沈んだ赤、法王の座る椅子とテーブルクロスの赤が際立つ作品である。赤は古代の衣冠制度では、紫についで、臣下の色として高位の色とされていた。英語の「スカーレット」は、一般に緋色と訳されるが、これに定冠詞をつけて「ザ・スカーレット」とすると、枢機卿職のことになる。

赤、イロいろ、だから赤の物語は広大で深淵、きっと世界のレッドストーリーはつきることはないのだ。

めいめいのキモチ

セイテンの霹靂！　青森県産のお米「青天の霹靂」の話じゃないんです！　が、最近のお米、ネーミングもパッケージもとってもオシャレで、ついついお米もジャケ買いしてしまう今日このごろ。岩手県産の「銀河のしずく」、これは宮沢賢治にちなんでつけられたネーミングね、それから山形県産の「雪若丸」、こちらはしっとりしていて白さが際立つ美少年。そして私のお気に入り山形県産の「つや姫」は、ほどよい甘さと香りが後をひく、つや姫だけにツヤがいい♪

と、違うちがう！　お米の話じゃなくて、改めて、晴天の霹靂！　度重なる地震の影響もあり図書館の建物に耐震上の問題が浮上、なんと雑誌書庫の一部を図書館外へ移転することが決定したのだ。蔵書の一部が図書館から切り離されるのは、どの施設でもしばしばあることとはいえ、身体の一部をはぎ取られるようなもの。ともあれ、増える資料が当面入るだけのスペースは必須、出納しやすい配置に、資料の保存に適した湿度や温度、重さに耐えられる床強度は？　などなど、それから出納のたびに図書館を出て、別の建物へ出向かないといけないから、運用は？　雨の日は？　台風のときは？　と心配ごとは数あれど、待ったなし！

資料移動の最大のポイントは、バランスのとれた配架計画にある。泣くも笑うもこの棚のプランにかかっていて、ここがライブラリアンの腕の見せどころでもある。現在どれだけの資料がどれだけの棚に入っているのか、そして今後どの部分がどれだけ増えるのかを見越して全体のバランスに配慮する。約1000棚分が該当、全体の資料の並びに最大限に考慮して、配架計画と指示書の作成となる。

図書館は人・モノ・サービスの三位一体で形成される。モノには資料はもちろん、〝図書館〟という建物としての役割も含まれる。近年の公共図書館は家でもなく、職場でもなく、第三の場所〝サードプレイス〟としての役割も期待され、大学図書館も、知識、教養、情報や学習ネットワーク、コミュニケーション、マルチメディア、コミュニティなど期待される役割は多岐にわたる。ちなみにサードプレイスとは、社会学者レイ・オルデンバーグ著『サードプレイス』*に詳しく、お気に入りの場所、たまり場などインフォーマルな公共性をもった集うことのできる場所を指す。

*『サードプレイス』レイ・オルデンバーグ著　マイク・モラスキー解説　忠平美幸訳（みすず書房　2013年）

こういった状況下、大学図書館にはその役割をわかりやすくキャッチーにしたコンセプトが存在する。例えば、静岡大学附属図書館・浜松分館は、「Student's PORT構想—学生たちの『港』」や、筑波大学附属図書館の「知識創造型図書館」、名桜大学附属図書館は「〈個性〉〈知性〉〈感性〉を育む場」といった具合である。図書館のビジュアルもコンセプトも人・モノ・サービスを繋ぐための大切なファクターである。

ところで、資料の移動に要した段ボール総数約２７００箱、重さにして凡そ32トン越え。ちなみにこの段ボール、内側が小さな波型と大きな波型の二重構造になっていて、特別頑丈に出来ている。資料運搬用の特注品、やっぱり紙って重いのよ！　頑丈だけど軽量な段ボールは、学内でのラブコールも熱く、使用後は全部の引き取り手が即座に決まったのである。

ライブラリアンは常々、資料と人の、資料を介した人と人の、（出来れば）空間と資料、そして空間と人とのよりよいコーディネーターでありたいと思っている。だから、図書館のキモチ、資料のキモチ、人のキモチに真摯に向き合いたいと。筋肉痛の体を引きずりながら、出稼ぎ!? にでた資料たちに「離れていても心はいつも一緒だよ」と、もらわれていく特注段ボールを横目につぶやくのである。

うさぎのはなし

『図書館雑誌』は、図書館界における最もメジャーな業界誌である。その歴史も古く、明治40（1907）年10月に日本図書館協会の前身である日本文庫協会から創刊。戦時体制下、一時中断を余儀なくされ　1944年8月（通巻294号）に停止、戦後の1946年6月に復刊を果たし、図書館界の時事的特集や図書館をめぐるニュース、事例紹介などを取り上げ、私たち図書館員の大切な情報源の一つとなっている。

さて、2021年の『図書館雑誌』6月号の表紙には、しかめっ面の着物姿の男性が何やら着物を着た女性と思しき兎!?を責めている様子、それを止めに入った年若い半被姿の男性が登場する錦絵である。兎の足元には生まれたばかりの小兎が7、8匹、歌川小芳盛による戯画、つまり風刺画のようである。

だんな‥をやをやをや　いまになって
　こんなに　こてこてと　うみ（産み）やぁがって
　だふ（どう）するきだよ
　あとへもさきへも　いきやぁ　しねへは
とうふや‥だんな　そりゃ　おめへさんが　ごむり（無理）サ
　わたくしのみ毛（三毛）　おなじことで
　ほどんと　とうふ　わてしました
　しかし　いまゝ（ま）では　まめで
　おめでとうございましたが

こうなっては　からきし　しかたなしサ
おかる（兎）：モシ　おきゝ（聞き）なさいまし
わたくしもさかり（盛）のじぶん（時分）には
だんなもよし　とうふやさんもいゝ（い）ように
あっちへとび　こっちへとび　おためになったものを
いまさらわたしを　す（捨）てるといふは
そりぁ　あんまりどうぬけな　なさけ（情け）ない
そんなことは　さらさといわずにくださいましよ

明治初期の異様な兎ブームの模様を描いたもの、三者三様の心の内が垣間見える会話である。兎ブームの始まりは明治4年頃、明治維新後、西洋からの新しい文物の移入によって、外来のカイウサギ（飼兎）が珍重され、愛玩用として飼育されるようになる。次第にその需要の伸びに伴い、投機目的で飼育が行われた。維新後の社会変革の中、秩禄処分*により一時的に手許金を

＊秩禄処分
明治9（1876）年、明治政府が金禄公債証書の交付を代償として、華族・士族への秩禄支給を全廃した処置。

余した華族や士族のお金を目当てに山師が仕掛けた一種の儲け話でもあったらしく、さらには相場変動との関連が強い「損料貸」（江戸時代、損料屋から衣類や・夜具・蒲団などを借り出し、その品を担保にして質屋から金を借りる行為）などの商人が兎投機の火付け役となり、一般市民にも広まり兎ブームは加熱する。

さて、このような背景を知ると前述の明治6年12月に出版された『兎咄し』（東京都立中央図書館特別文庫室所蔵）の会話が俄然面白くなってくる。子兎がポコポコ生まれて「どうしようもない！」と嘆いている「だんな」、それもそのはずあまりの兎ブームを見かねた東京府は、明治6年12月「兎取締ノ儀」を布達、兎一匹につき一カ月1円の「兎税」を課し、子どもが生まれたり売買をする際には届出などが必要となったのである。

仲裁に入った「とうふや」、兎の常食はオカラであったための登場人物であろう。あまりの兎人気にとうふよりもオカラの価格が高かったとか。需要と供給による価格の方程式は今も昔も変わらない。とうふやも当時人気の三毛の兎を飼っていたようで、やはり子が沢山産まれ「今となってはからきしダメだ」とボヤいている。

子どもを産んで責め立てられている「おかる」さん、こちらも当時人気の外来種との掛け合わせでできた白に黒の斑文をもつ毛並みの「更紗」という種類の兎。だんなに捨てられる寸前、人間の都合により売り買いされ、「今さら私を捨てるなんてあまりだ！　そんなこと言わないでくださいよ」との悲痛な訴えはだんなに届くか。頑張れ、おかる！

このころ巷には兎ブームを背景にこのような「兎絵」なるものが数多く出まわったそうである。時代に翻弄される兎、『兎狸月下問答』の中で、「自分たちがもて囃され愛されるのは、才能ではなく色〈外見〉からのことで、祇王、祇女、常盤御前等が平清盛から受けた寵愛のようなものだから長くは続かない」と言うのである。兎の悲哀、〝月に願い〟を兎もしたのかな。

インクルージョン & ダイバーシティ

図書館にやってくるのは人間ばかりとはかぎらない。ある時はネコ、またある時はハト、それから雀にコウモリ、オニヤンマ、まるで動物園である。動物までもがやってくるゆかいな図書館、絵本の世界みたいでステキ！ノンノンそうとばかりも言っていられないのですよ。

ある好日、新鮮な空気とともに窓から訪ねてきたのはハトである。ピカソ作の「鳩」はパリで開催された国際平和会議のポスターの原画として制作され、平和の象徴として私たちの記憶に刻まれている。そんなハトだから、安らぎを運んでくれると思いきや、いやいや館内は平和ではいられない。箒や長い棒でなんとかハトの追出しに挑むが、人間に追い立てられてハトも焦ってか、アチコチにぶつかりながら館内を右往左往、ハト同様人間も右往左往である。なんとか部屋の端っこに追い込み、段ボールでの捕獲に成功。窓から脱出させ一見落着。と思ったのもつかの間、またもや同じ（と思う！）ハトが再訪。図書館好きのハトね、でも今回ばかりはうれしくないぞ！

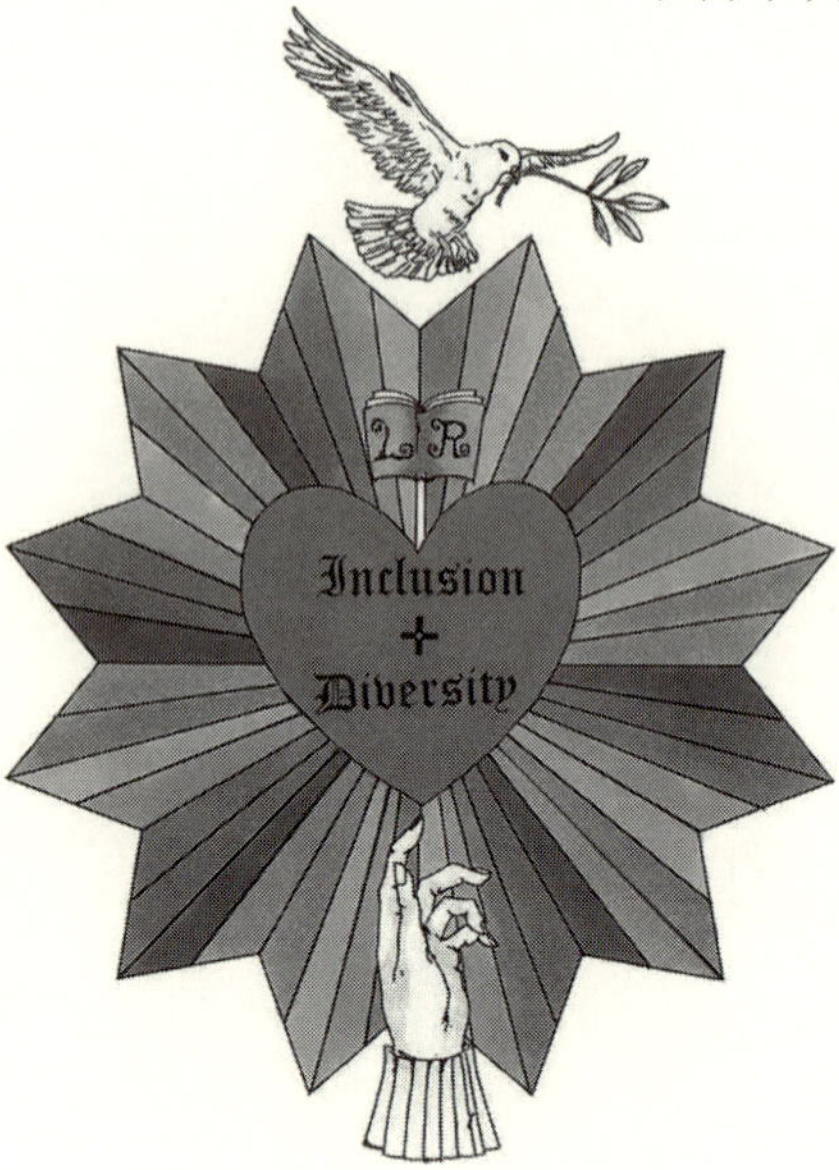

大学の最寄り駅、学生でごった返す駅構内、なのになぜか出入口が一カ所ふさがれている。ん？　どうした？　なんと出入口にツバメの巣ができているではないか！「ツバメの巣があるため開閉禁止」との貼り紙が。ツバメファー

ストかぁ、後日3羽のひなは無事に巣立っていったのである。

男子バレー部の部室にはなんとハトの巣が！　しかも卵まで産んでいる様子。なぜ誰も気づかなかったの？　岩手県三陸銘菓「かもめの玉子」、ならぬ「ハトのたまご」。あんまり美味しそうじゃないか。街の中心部から少し離れた、山側に立地している大学ならではの珍事、〝勿怪の幸い〟となればいいのだが。

「鳥獣保護管理法第8条」により、原則として「鳥獣を捕獲・殺傷したり、鳥類の卵を採取・損傷したりすること」は禁止されている。ツバメもハトも「鳥獣」に含まれるため、その捕獲・殺傷や、卵の採取・損傷が禁じられ、これに違反した場合は、1年以下の懲役または100万円以下の罰金が科せられる可能性があるとのこと、一大事である。やむを得ない理由で巣を撤去したい場合は、自治体に相談し鳥獣による生活環境被害を防止する目的などが認められれば、捕獲や採取に関する許可が出る場合があるらしい。しかしこういう場合、法の効力というよりも、人間側の温かな眼差しと寛容さが試されているような気がしてならない。「幸福な王子」ならぬ、「幸福なツバメ」の物語。

「ネコ館内立ち入り禁止」のポスターは、ネコの絵に禁止マークを重ねたシンプルなもの。人間は腰を折らないと読めない位置に貼られたそのポスターは、ネコへの警告だから、ポスター位置もネコ目線で！ネコへのホスピタリティである。図書館サービスはまさにこの視点が大事、利用者側の目線に立って、かゆいところに手が届くサービスを常に考えたいものである。とはいえ、ネコ向けのポスターがネコ本人?!にどれだけ効果があったのかは、また別の話。

夕暮れの閲覧室。堂々と飛び回るのはコウモリである。どこに隠れていたのか、バタバタと翼の音を響かせて、頭上を掠めていく。本に夢中なコウモリが登場する絵本『コウモリとしょかんへいく』*の世界みたい！だが、のんきなことは言っていられない。どうやって捕まえればいいの？

*『コウモリとしょかんへいく』ブライアン・リーズ作・絵　さいごうようこ訳（徳間書店　２０１１年）

雀は図書館の常連である。だから常々、雀の恩返しやハトの恩返しを待っているのだが、一向に来てくれない。ハトはＪＡの帽子をかぶった鳩胸のおじさんとなって登場するに違いない。重い荷物を運んでくれたり、電球をマメに交換してくれたりと働きもののはず。オニヤンマは、おやつを運んできてくれる心優しい青年であろう。コウモリの恩返しは、なんだか不気味な感じがするからお断りしようか、と同僚と妄想している。「動物園と図書館が一緒だったら素敵じゃない？」と、他大学の図書館員Ｈさんの発言を思い出す。究極のダイバーシティとも言えるが、「動物との共生（インクルージョン）って、人間にはシンドイです。」と伝えよう。

六右衛門・今昔物語

1613年10月28日満月の日、石巻、牡鹿半島の月浦《つきのうら》を出港したのは、支倉六右衛門、実名常長を大使とする慶長遣欧使節を乗せた「サン・ファン・バウティスタ号」であった。仙台藩主伊達政宗の命により、イスパニア（スペイン）領国のノビスパニア（メキシコ）との直接貿易の実現のため、イスパニア国王およびローマ教皇のもとを訪れるべく日本を後にした。

一説には、イスパニアとの通商と軍事同盟を結び、政宗自身が再び天下統一を図ろうと目論んで仕向けた使節だったというものもあり、義経北方伝説

同様、歴史にロマンを感じたい気持ちを煽るのである。

　さて、イスパニアへ向かう途中、常長一行は嵐のためにハバナに寄港するが、これにより支倉常長は、日本人として初めてキューバの地を踏んだ人物となった。オールドハバナといわれる世界遺産に指定された遺跡公園内には、現在支倉常長の銅像が建っている（仙台とキューバの友好の印として2001年に仙台育英高校が寄贈）。凛と遠くを見据えた支倉常長像は、往路の希望に満ちあふれた様子をたたえ、右手に握られた扇は目指すローマの方角を指している。

「支倉常長像のまえで〝支倉焼〟を食べるぞ！」と出発前からカタく心に決めていた友人と私。昭和33年に誕生したふじや千舟の「支倉焼」は、支倉常長の偉業を称えるべく和と洋の要素を取り入れて作られた菓子である。クルミ風味の白あんに、フレッシュバターと卵の皮の相性が抜群で、しっとりとした味わいは格別。灼熱のハバナと支倉像と支倉焼、未知なる三位一体の体験に、テンションマックスの私たち。だが、繊細な支倉焼の味は、常夏の国キューバとマッチしているとは言い難く、ほんのり甘く滑らかな皮は、乾きのためか喉に張り付き、常長の悲しい結末を予感させる。そして、通りすがりのハバナ市民、「ツネナガ・ハセクラ？　シラナイヨ」えっ、マジですか……。

そんな傷心の私たちを癒してくれたのは、タクシードライバーのアントニオ・ゴンザレスである。流暢な日本語を操る彼は、日本マニアでもあり、家には甲冑や兜などあるとのこと。彼の質問もマニアっぷりを発揮し、「仙台は名取と松島の中間ですか？」、「イチローは長男ですか？」など、脅威の語彙力と知識を披露してくれたのだ。さらにアントニオと交流のある日本人ミュージシャンは、彼との友情の証として「Infanta 657」を作曲、アルバムのタイトルにもなっている。なぜ「Infanta 657」と思いきや、なんとアントニオの住所という粋な計らいが！　ところで彼は、「支倉常長は、仙台藩の武士で、伊達政宗の命令でスペインへ向かった」ことを当然のように把握。ブラボー、アントニオ！　２００６年、夏の思い出。

無事イスパニアへ渡り国王フェリペ３世に謁見し、さらにローマでは教皇パウロ５世にも謁見を果たした常長だが、通商に関する成果をあげられず、異郷で7年余りを過ごし帰国する。さらに彼を待っていたのは、徳川幕府のキリスト教弾圧という悲劇だった。帰国後、常長は表舞台に立つことなく、翌年の１６２１年、あるいは１６２２年に病気のためにひっそりと亡くなったとされ、没年もはっきりとせず悲しい最期であった。

石巻市にある宮城県慶長使節船ミュージアムサン・ファン館には、原寸大で復元された「サン・ファン・バウティスタ号」が展示されている。「史実に忠実に地元で造る」を掲げ、木造で原寸大、石巻の造船所で建造し、宮城県内の船大工の手で復元された、「今世紀最後で最大の木造船」である。しかし、近年老朽化を理由に宮城県は修復を断念、解体することを決めた。より強い素材で4分の1のサイズの後継船を造るとしたが、支倉常長らの偉業や木造船を甦えらせた人々への敬意も4分の1に縮小するってことか？

イスパニアで洗礼を受けた常長、その洗礼名は〝ドン・フィリッポ・フランシスコ・ハセクラ〟である。私が足しげく通ったイタリアン・レストランの名は、「ドン・フィリッポ」。私を取り巻くツネナガは、今昔の物語を結びつけ生き続けている。

般若湯　～知恵の湧き出づるお湯～

アルコール好きのあるあると言えば、酔っぱらっての失敗談である。武勇伝的に語られることもあって、「酒の肴だ！」とばかりに、話をつまみにさらに呑みすぎちゃうというエンドレスな状況となる。さて、気が付いたら植込みの中に居た人、同僚の犬に抱きつき絡んだ人（犬の嗅覚をもってしたらアルコールの匂いキツかっただろうなぁ）、室内にロングブーツが整然と並んでいた人、目覚めたらクラムチャウダーが出来上がっていた人、電話で兄に罵詈雑言をならべうっぷんを晴らした人など、強者ライブラリアンぞろいである。

「veisalgia」とは、二日酔いを表す医学用語で、「飲酒後の不快症状」を意味するノルウェー語「kveis」と、「痛み」を意味するギリシャ語の「algia」を組み合わせた造語であるという。〝不快感と痛み〟、祭りの後の虚しさに似て、浮かれた末の後遺症ともいえる。失敗談同様、二日酔いの悲惨さ自慢も面白い。いかに二日酔いがひどく、どう耐え忍んだか、対処法は？　など話題は尽きない。２０１３年1月のネット版『ナショナル・ジオグラフィック』の「二日酔いの治療法、世界でさまざま」は興味深い。ドイツではニシンの酢漬け、アメリカでは生卵入りトマトジュース、中国では濃い緑茶、日本は梅干など、〝ところ変われば〟な対処法が紹介されているが、ところ変わっても二日酔いは世界共通のやっかいごとなのは確かなよ

うだ。

サントリーのホームページ、「DRINK SMART：お酒との正しい付き合い方を考えよう」によると、「口から入ったアルコールは、胃で約20％、残りの大部分は小腸で吸収され、血液に溶け込み肝臓に送られる。肝臓では、主にADH（アルコール脱水素酵素）の働きによって「アセトアルデヒド」という有害物質に分解され、さらにALDH（アルデヒド脱水素酵素）の働きによって無害な酢酸へと変化する。アセトアルデヒドはお酒を飲んだときに顔が赤くなったり、動悸や吐き気、頭痛などの原因となる物質である。肝臓は、いわゆるアルコールの分解が行われる「処理工場」で、その分解スピードには個人差があるが、一般的に体重約60kg～70kgの人で1時間におよそ5g～7g程度。ビールロング缶（500㎖1缶、アルコール含有量20g）のアルコールを分解するには約3～4時間かかる」という。う～ん、宴会時のアルコール摂取量と分解速度が全くマッチしていないことが判明！　目を背けてきた事実、「肝臓くん、酷使してきてごめんね」と思わずにはいられない。

『飲まない生き方　ソバーキュリアス』＊は、アルコールとの付き合い方を考える一助となる一冊である。「ソバーキュリアス」とは、「ｓｏｂｅｒ」〝しらふ＝お酒を飲まない〟ことと、「ｃｕｒｉｏｕｓ」〝興味のある、〜したがる〟を掛け合わせた造語で、「酒をやめると気分は良くなるのか」、「もっと自信がつく？」、「飲まなければ、ヤセる？　若返る？」など、アルコールに関する疑問を好奇心を持って考えること、また自分の意思でアルコールを飲まない大人のことを指す。つまり、「なぜアルコールを欲するのか？」をマジメに考えるということ。アルコールの分解スピードに続き、またしても目を背けたい現実を突きつけられる。「なぜアルコールなの？」と。

仲間と楽しい時間を共有するため、日ごろのモヤモヤをグイッと流し込むため、ちょっぴり現実逃避したいときアルコールは頼もしい助っ人となる。しかしそれは、ソバーキュリアンからすると、不安や怖れといった精神的な問題を棚上げし、物事の根本的な解決にはならないと。

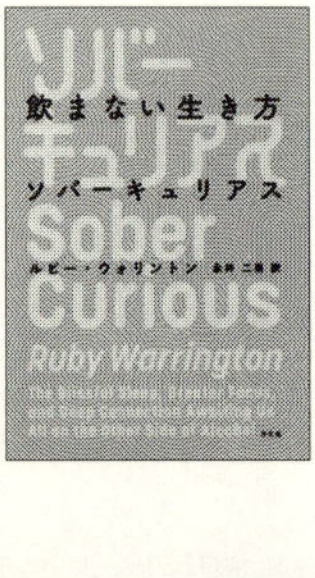

＊『飲まない生き方　ソバーキュリアス』ルビー・ウォリントン著　永井二菜訳　方丈社（２０２１年）

でもね、長田弘の「テキーラの飲みかた」（『食卓一期一会』＊所収）の一説をみてごらん。なんだか、人間であることが愛おしく思えないだろうか？同じ空の下、日々を案じながら生きていることを実感できるではないか。

「空を仰いできりりとテキーラをやる。
アミーゴ、アミーゴ
今日を嘆息してどうなるものか。
アスタ・マニャーナ！
（絶望は明日してもおそくない）」

＊『食卓一期一会』長田弘著　ハルキ文庫（2017年）

壬寅（みずのえとら）の歩き方

海の見える温泉につかりながら、部屋の観葉植物に肥料をやらないと！と、ふと考えつつ、日ごろの疲れをリフレッシュ。夕食は美味しい鉄板焼きが待っている。メインは、名物のプリプリ牡蠣入り海鮮お好み焼き。デザートはとびきり甘いお芋でつくった大学いも。「働いた分はしっかり休みをとらないとね！」満たされた欲望、身体も心も生き返るよう。来週は、ヨガ教室の予定を入れているから、お気に入りのモスグリーンのカーディガンを羽織ろう。それから、筋肉には十分な水分が必要だから、水筒には天然水をたっぷり持っていかなくちゃ。

『日経WOMAN』に登場しそうな、プライベートも何がなんでも充実させちゃうバリキャリ女子のようだけどね、これ占いによる２０２２年の私の正しい歩き方なのである。どうだ！ 私だって出来る女風になれるんだもんねー。と、心は永遠の中学2年生。中2かぁ、「中二病」ってこと？『日本大百科全書』（JapanKnowledge Lib）によると、「中学校2年生ぐらいの子供にありがちな言動や態度を表す俗語。自分をよくみせるための背伸びや、自己顕示欲と劣等感を交錯させたひねくれた物言いなどが典型で、思春期特有の不安定な精神状態による言動と考えられる。」とのこと。医学的な治療は必要ないらしいから、ま

ずは一安心。と、こちらも占いによる私の基本の性格。さらに、ほかの占いによると超マイペースな平和主義者（らしい）、加えて人生を楽しむことに長けている（らしい）と。平和主義者で、人生を謳歌するマイペースな中二って、孔子も驚愕の「不惑《ふわく》の年」である。

さて、古代文明において占いは未来予知のための学問であり、技術であり、国家体制を維持するための基幹学問であった。陰陽道も『易学』に由来する占いで、政を司る重要な役割を果たしていた。未知予測のため、膨大な天体の観測の記録から、その意味を読み取ろうとしたのが占星術である。その起源はバビロニアまでさかのぼる。その後、ギリシアで発展したホロスコープ占星術は、インドに渡り変容し、さらに中国の要素も混じり、日本へと伝わるのである。まさに古代の文化交流の縮図なのだと、『星占いの文化交流史』*の著者矢野道雄は語る。

未来に対する怖れや見えないものへの不安は今も昔も変わらない。２０２

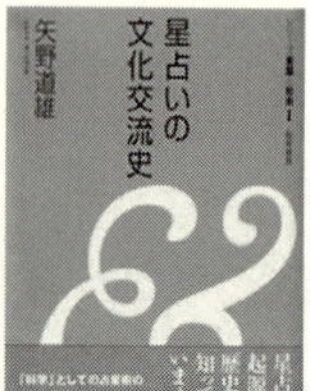

＊『星占いの文化交流史』（旧版）　矢野道雄著　勁草書房（２００４年）

１年10月の日本出版販売（株）調べ、月刊ベストセラー第一位は、たつき諒の『私が見た未来　完全版』*である。彼女の夢日記をもとに書かれたこの本は、１９９９年に刊行された『私が見た未来』の復刻である。先に出版された本の表紙には、「大災害は２０１１年３月」とあり、東日本大震災を予言した漫画家、幻の予言漫画として注目を集め、２０２１年10月に新たな〝予言〟とともに完全版として刊行された。ここに描かれるのは、近い将来に起こり得る大災難の夢の内容とその後に訪れる明るい未来像。「怖いもの見たさで、読んじゃったよー」と同僚と動揺しつつ、「知りたいって好奇心には勝てないね」というコメントで一応は落ち着いたのだが……。さぁ、あなたは読みますか？

不安な時に決まって開くのは、哲学者池田晶子の本である。彼女は言う。「悩むな、考えろ！」と。人生先が見えないのは当たりまえ、だから生きていられるのだと、「何を悩むことがある、考えろ」と。彼女は以前、「池田が文部大臣になった時には、哲人国家の理念は必ず現実のものとなりましょう」と

*『私が見た未来　完全版』たつき諒著　飛鳥新社（２０２１年）

言ってたっけ。これこそまさに、明るい未来だと思うのだが、そう思うのはきっと私だけではないはずだ。どう生きるかを考える前に、生きるとはどういうことかを考える、みんなで明るい未来を手にしようではありませんか。

雑誌に彷徨う

２０２１年12月22日午後３時13分ごろ、驚きの通知が飛び込んできた。「重大」という赤い文字と共に、政府発表「ゲリラや特殊部隊による攻撃が発生しました。」というものである。「えっ、日本でテロ？」と思う一方、「ゲリラと特殊部隊って行動を一緒にするもの？」とも。時を待たずして、Ｙａｈｏｏ系のアプリからの誤配信であることの「おわび」が届く。一件落着。でも、である。「こんな文章用意してるの？」という戸惑いと、「ゲリラと特殊部隊って、相反するものじゃない？」という内容の整合性への困惑。

『日本国語大辞典』によるゲリラは、「(〔スペイン〕guerrilla)。ゲリラ戦を行なう部隊、あるいは戦闘員。」とあり、「ゲリラ戦」を見ると、「小部隊で敵のすきをうかがい、小戦闘や奇襲をくり返して、敵をかき乱す戦法。遊撃戦法。ゲリラ。」とある。そもそも〝敵〟が存在するのである。敵って、日本国民ってこと？　また、ここで言う〝特殊部隊〟とは？　想像するに、法執行機関に設置されている警察や自衛隊などのいわゆる国家公務員を指すのではないの？　だから、一見すると日本国民を敵とするゲリラと国民を守るべき特殊部隊が入り乱れて私たちを攻撃してくる地獄絵図が脳裏に浮かぶ。この世の終わり、たまったものではない！

さて、扶桑社発行の『MAMOR』は、日本で唯一の防衛省のオフィシャルマガジンである。「日本の防衛のこと、もっと知りたい！」というサブタイトルどおり、日本の防衛を担っている防衛相や自衛隊の活動が紹介されているユニークで、そしてマニアックな雑誌の一つ。毎号様々な特集が組まれ、数年前のある号の特集は「危機から命を守る脱出術入門」というもの。自然災害から逃れる方法から、かなり特殊なケースまでイラスト付きで対処法が掲載されている。まず「地震直後の屋内からの脱出」では、新聞紙を足袋代わりにして移動する方法、また「大雨でドアが開かない自動車からの脱出方法」では、窓ガラスの隙間にヘッドレストの軸をねじこむ方法がわかりやすく解説されている。なるほどしっかり覚えておこう！

さらに事態はエスカレートし、「業務用冷凍庫からの脱出」や「銃を突きつけられた際の脱出」、そして「核爆弾が飛来した際の脱出」と事故、犯罪、テロか?! 戦争か?! と深刻さは増していくが、こんな脱出方法、絶対経験したくないぞ！ このように、あらゆる事態が想定されているのだが、ゲリラや特殊部隊に攻撃された際の脱出方法は残念ながらここには登場しない。トホホ、どうしましょう……。

私が心待ちにしているのは、『季刊ｉｉｃｈｉｋｏ』である。みなさんご存じ麦焼酎「いいちこ」の三和酒類（株）が１９８６年から刊行している文化学誌である。場所に根差した文化、民俗と精神というテーマを軸に人類の文化遺産を様々な角度から検証する意欲的な雑誌である。同僚の間でもファンは多い。

１５１号の特集は「笛の日本文化」と興味深い。フルートなどの西洋の管楽器とは違い、自然の竹から作られる笛は、「生きているもの」を扱う笛師とそれを奏でる奏者のそれぞれの鍛錬と工夫、情熱や情念がストレートに魂に響いてくるものだということがわかる。この雑誌の追求する日本文化や日本語の「述語制」や「非分離」という点にも絡めて言及されていて、笛の世界観の神髄を垣間見ることができる。ここに「味わい＝文化」に対する

ｉｉｃｈｉｋｏの情念を感じるのである。

人、場所、モノ、時間を超えて、人は情熱や情念を帯びたものに無関心ではいられない。ライブラリアンとしての情熱や情念を持ち続けたい！　と思いながら、〝いいちこ〟をあおり夜は更けていくのであった。

さらば、カルヴァドス

冬の愉しみといえば、ラミー、バッカス、カルヴァドスと魅惑的な響き。どれも洋酒チョコレートの商品名、大人のチョコレートの定番である。冬季限定発売のため、ついつい買いだめをしてしまい、気がつくと赤や緑、オレンジのパッケージがお菓子の箱を占領することとなり、心躍るようでもあり、背徳感が漂うようでもあり、悪魔の優しい誘惑がささやきかけてくる。「さぁ、心ゆくまで愉しみなさい」と。

ラミーはラム酒×レーズン、バッカスはコニャックを、それぞれに個性豊かな味わいで冬との相性は抜群。「バッカス」はお酒の神様、カラヴァッジオの描くバッカスは髪にぶどうとその葉をまとい、右胸をあらわにした物憂げな表情が艶めかしい姿の神様。「ラミー（rummy）」は英語の俗語で「のん兵衛」の意味で、「バッカス」も「ラミー」もどちらも寒い冬は体の中から温まろう！　ということだろう。ラミーのアルコール分はなんと３・７％、東北の冬にはもってこいである。

私の最近のお気に入りは、ブランデー×りんごのカルヴァドス。そもそもカルヴァドス（calvados）は、ノルマンディ、ブルターニュ、メーヌの各地方でシードルを蒸留させてつくるりんごのブランデーのことで、１９００年頃生産地であるノルマ

ンディ地方、カルヴァドス県の名からとった名称である（『フランス食の事典*』参照）。そのカルヴァドスと同じ名を持つチョコレートのカルヴァドスを一粒口の中に放り込むと、そこに広がるりんごのブランデーの芳醇な香りとチョコレートの甘さがマッチして体に染み渡るよう。さらに胸までもがくすぐったい気分になるのである。カルヴァドスマジック！

映画「ショコラ」は、魅惑的な女性ヴィアンヌと、同じように魅惑的な甘いチョコレートが、厳格なカトリック教徒の小さな町の住民を優しく溶かしていく物語。彼女の作るホット・チョコレートにはちょっぴり刺激的なチリ・ペッパーが加えられている。予想外のものが出会い引き起こされる化学反応は、チョコレートだけにとどまらず、人々の心も住民の関係性さえも緩やかに変えていく。ヴィアンヌがある老女のために開くバースデー・パーティ、招待された住民が彼女の料理にうっとりと陶酔するシーンが印象的である。この陶酔の感覚を一度知ってしまったら覚悟を決めるしかない。快楽を味わう罪の意識をクっと胸の奥にしまいながら誘惑にあらがわず、前進する勇気

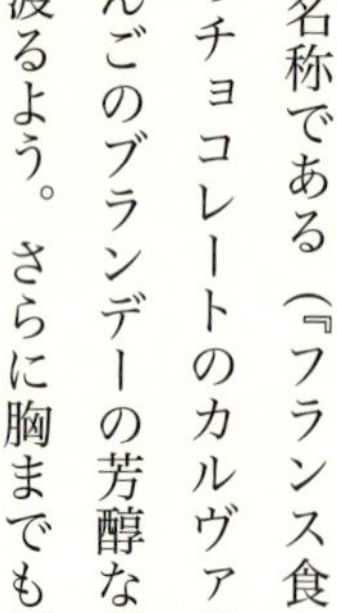

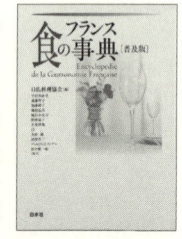

*『フランス食の事典』［普及版］日仏料理協会編　白水社（２００７年）

を！

ウィーンを代表する「ホテル・ザッハ」のザッハトルテは、濃厚なチョコレートケーキ。２段にスライスされたケーキの間には、アプリコットジャムがはさんである。口の中でまったりととろけるチョコレートは、現実を忘れさせるほどの甘〜い世界へ連れて行ってくれる。その夜、夢の中で再びザッハトルテを食するほどに。ザッハトルテは、１８３２年に製菓人のフランツ・ザッハが創作したといわれており、彼の次男のエドヴァルト・ザッハが１８７６年ザッハホテルを開き、父のフランツの手がけたザッハトルテをホテルの名物としたとされる。

甘い記憶は人を安心させる。膜のように心にまとわりついて、恐怖や不安といった外敵から守ってくれるよう。ザッハトルテも同様、「ホテル・ザッハ」の洗練された雰囲気と共に、私をいつでも甘い思い出の地ウィーンへと誘うのである。

カルヴァドスは、最近その名称を変更した。抒情的な響きを持つカルヴァドス、また芳醇な味わいを連想させ、さらには神の名のようなインパクトを与えるだけに、名称変更は実に残念である。さらばカルヴァドス。こんにちはアップルブランデー。快楽の味を知ってしまった私は、罪の意識に耐えながら前進するしかないのである。

言霊だっちゃ！

東北人おなじみの「メン子ちゃんゼリー」（正式名称：メン子ちゃんミニゼリー）は、小さいカップに入ったフルーツゼリー。子どもの頃から慣れ親しんだ、ノスタルジーを誘う味である。１９８１年発売のロングセラー商品で、夏には凍らせて「冷たい、冷たい」と言いながら、口いっぱいにメン子ちゃんゼリーを頬張るのが醍醐味である。

さて、この「メン子ちゃんゼリー」の名称の由来は、東北弁の「めんこい」＝「かわいい」「愛らしい」という方言から名付けられたもの、可愛らしい

子どものおやつに！という願いも込められている。『仙台方言辞典*』を開くと、「メゴい」が見出し語となっており、その他「メゴコい」、「メンコい」とも書かれており、東北でも地域によって表現が少しずつ異なるのである。

また、「可愛い子」という意味で、「mego」「menko」が見出し語となっているのは、『ケセン語大辞典*』である。

「岩手県沿岸南部の大船渡市、陸前高田市、気仙郡三陸町、住田町、釜石市に編入された旧気仙郡唐丹村において、日常用いられている言語・ケセン語の姿をできるだけ忠実に伝えよう」と編まれた辞書なのである。上下巻併せて2

*『仙台方言辞典』浅野建二編　東京堂出版（1985年）
※品切れ・重版未定

*『ケセン語大辞典』（上・下巻）山浦玄嗣著　無明舎出版（2000年）
※書影は上巻

814頁、3万4000の語彙を収録、ケセン語を方言としてではなく、一つの独立した言語ととらえ、見出し語はケセン語正書法であるケセン式ローマ字を用いて、全体として文法、語彙、用例、音韻、音調、文字を統一的・総合的に記述した画期的かつ壮大なスケールの辞典である。

「言葉は生きて使われなければならないもの」という編者の山浦玄嗣氏の言葉どおり、すべての語彙には文例が付いている。例えば「menko」の語彙には、〝Or a ii no menko a dogo sa ig tar e ?〟、「うちの可愛い子はどこへ行ったかね？」という具合である。著者の山浦氏は岩手県大船渡市で医学博士として山浦医院を経営するかたわら、ケセン語研究の第一人者でもあり、独学でケセン語文法大系を書き上げた人物でもある。またカトリック信者として、ケセン語訳で書かれた聖書『イエスの言葉　ケセン語訳』*は、聖書の理解し難い場面や言葉も、気仙衆にもわかりやすい言葉で書かれると、人間に寄り添う温かな情景が浮かび、血の通った言葉となって響いてくる。マタイによる福音書5章3節、「心の貧しい人々は、幸いである、天の国はそ

*『イエスの言葉　ケセン語訳』山浦玄嗣著　文春新書（2011年）

の人たちのものである。」（日本聖書協会『聖書新共同訳』）をケセン語訳にすると、

「頼りなぐ、望みなぐ、心細（こごろぼそ）い人（ひと）ァ幸（しあわ）せだ。
　神様の懐（ふとゴろ）に抱（だ）がさんのァその人達（ひたち）だ。」

と、このとおり！

井上ひさしの『新版　國語元年』＊は、主人公である官吏・南郷清之輔が、国家の大事業である「全国統一話し言葉」の制定を命じられ、妻や舅、使用人たちを捲き込んで、言葉をめぐって奔走するドタバタ劇である。明治初期の東京が舞台、山口県出身で長州弁を使う清之輔と、鹿児島弁を使う妻と舅、江戸山ノ手言葉、同じく江戸下町方言、大阪河内、遠野、名古屋、米沢、会津出身の使用人たちのそれぞれの方言が飛び交い、はたまたアメリカ帰りの無口な太吉は時おり英語を発するというカオスな一つ屋根の下。そんな中、「全国統一話し言葉」制定に邁進する清之輔のセリフはまさに方言を言い当てている。「なによりもお国訛りちゅーものは、その土地に生れ育った人間

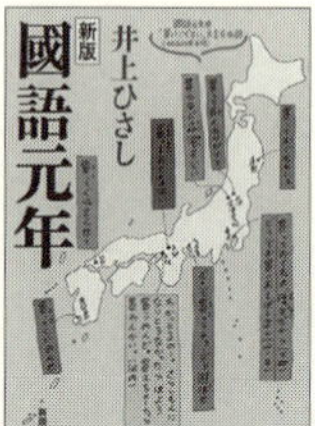

＊『新版　國語元年』井上ひさし著　新潮文庫刊（2017年）

とまことにしっかり《ネシコク》と結び付いとるものなのジャノー。言《ユー》うたらお国訛りとその土地の人間とは夫婦《ツレアイ》のヨーなものでアリマスヨ。」と。『ケセン語大辞典』の序論、「20世紀という動乱の時代を生きたケセンの庶民の哀歓が溢れている。」と締めくくられているように、方言の生命力に改めて感じ入るのである。

では、宮城のご当地キャラクターである「仙台弁こけし」（ＬＩＮＥのスタンプとしても人気！）のセリフを借りて締めくくろう。

「んでまずー（ではまた。）」（の言葉と共に、ＵＦＯにアブダクトされる仙台弁こけしのイラストはインパクト大！）

※ケセン語の音調（アクセント）等は入れませんでした。

Tapir

静かな水の中に腰までひたる私。透明な水をのぞくと奇妙な生き物が2、3匹浮かんでいる。白と赤とピンクの鮮やかな色のコントラスト、雲のような形のその生き物はスライムのようにプカプカと水面に漂っている。「なんだろうこの生き物、気持ち悪いよぉ。」と、独り言ちる。

マンダラ塗り絵に夢中になっていたころに見た夢、まさに夢の中の話である。あまりにも色鮮やかなその奇妙な生き物は、しばらく脳裏から離れず、その後夢の中で出会う美輪様（美輪明宏氏）の黄色の髪色と相まって不思議な後味を残した。

『マンダラ塗り絵*』の冒頭、マンダラとは、「自

*『マンダラ塗り絵』スザンヌ・F・フィンチャー著　正木晃訳　春秋社（2005年）

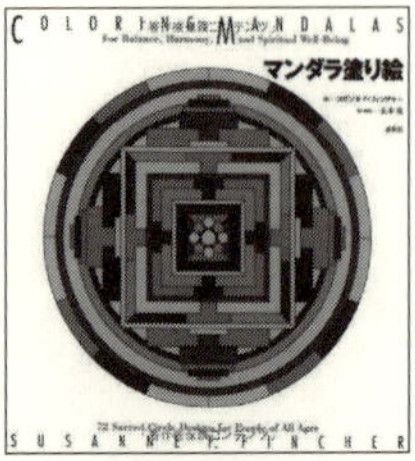

分とはなにか」「宇宙のどこにいるか」という人間の根源的な問いを探究する衝動からはぐくまれてきた円形の聖なる図形と記されている。大きな円の中に、丸や三角、六角形などから形成される幾何学模様が描かれており、それらにくっきりはっきりと色を塗っていく。丁寧に、時間をかけて、自身と対話するようなそんな時間が流れていく。マンダラが象徴しているのは、人類と超越的な領域の、これ以上ない調和に満ちた一体化にほかならないという。自身が全体であり、かつピースであるという感覚、なかなかの体験である。

夢分析によると、「水に入る、もしくは水から出る」夢は、分娩あるいは出産を表す類型夢であるとのこと。フロイトの著書『夢判断』にも、多くの英雄神話が主人公が水から誕生する物語が多く存在する

ことを指摘している。モーセの物語しかり、日本で言えば桃太郎や一寸法師も川の水によってもたらされ、そこから救われて成長し英雄となるのである。では私が見た奇妙な夢は、『マンダラ塗り絵』に（異常に！）集中して、宇宙の神秘を垣間見たことで「生まれなおす」、あるいはその願望が芽生えて、私自身が人として進化したということか!?

『週刊読書人』は、主に書評をメインとする専門紙で私たち図書館員の日常には欠かせない情報源の一つである。思想や文学、芸術や文化、読み物など扱う範囲も幅広い。その中の一つ、美術家横尾忠則さんのコーナー「日常の向こう側ぼくの内側」は面白い。ぼくの内側というだけあって、よく夢の話が登場する。

ある日の夢では高倉健さんに会う。そして〝今日はメディアの健さんではなく自然体の健さん。映画の役とメディアの健さんは不自然体。実態と虚像の背反を何も一体化する必要ないのになあ〟と。〝実態と虚像の背反の一体化〟、さすが横尾さん、鋭い視点！　またある時は、「人間をロボット化する法律が出きて、自分の好みの形態に創造することになった。先ずモデルを絵に描く。立体化するときに瞼と眼球の造形が難しくて、苦労する」夢。現実になったら恐ろしい！　でも、横尾さんがデザインしてくれるならそれはそれでいいかな。

横尾さん曰く、夢を記述するのは無意識を顕在化させるため、そして創造は無意識と意識の共同作業でもあるからだという。なるほどなるほど、横尾さんの頭の中をのぞいているようで興味は尽きない。

国書刊行会刊行、『夢』*は夢に関するアンソロジーである。芥川龍之介の『死後』は、自分が死んだあとの家族の様子を描いたもの、カフカの『夢』は墓石に主人公自身の名が刻まれていく様子を墓穴に横たわりながら眺める話、澁澤龍彦の『夢ちがえ』は、一人の男性をめぐって夢をあやつる方法を比丘尼に聞き出す奇妙な話、どれも実際の夢のようである。編者の東雅夫氏が、「夢とは、人類にとって最も古く、そして最も身近な、一夜のエンター

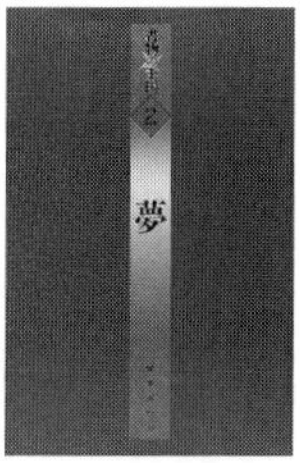

*『夢』（書物の王国2）東雅夫編集　宮部みゆき他著　国書刊行会（1998年）

テインメントではあるまいか」というように、夜ごと繰り広げられるエンターテインメントと思うと、眠るのが待ち遠しい晩春の宵である。

電子化の〝ナカのヒト〟

私の住む仙台市でも、２０２１年11月から電子図書館サービス「せんだい電子図書館」が開始された。電子図書館であるから、図書館の開館時間や閉館日を気にすることなく24時間いつでもどこでも家にいながら本を借りて、すぐに読めるというわけである。早速、私も周囲に遅れまいと小説２冊を予約。しかし、結局２冊ともスルーしてしまい、借りられずに終わった。トホホ……。というのも、貸出の順番を知らせる連絡がこないのである（お知らせシステムを導入するには別途かなりの費用が掛かるとのこと！）。毎日毎日予約状況のチェックをしていないと、見逃して自分の順番が過ぎてしまう。電子じゃない図書の予約なら、順番がきたら必ずお知らせしてくれるのに。便利なんだか、便利じゃないんだか、よくわからない状況。電子だからってメリットばかりではないのよね、と痛感。

資料の電子化は、〝読む〟ということだけにとどまらず、〝見る〟という点でも大きなメリットがある。その一つに古い資料、例えば江戸時代やそれよりもっと遡って鎌倉時代などに刷られた資料群である。「国立国会図書館デジタルコレクション」は、「貴重書画像データベース」や「近代デジタルライブラリー」、「児童書デジタルライブラリー」など、インターネットで資料の画像を見ることができるサービスを統合したもので、古い資料の文字の刷られた感じや、変色や虫に食われた紙の状態、また色付きの挿絵などの古色蒼然とした色彩も堪能することができる。まさに机上にいながらタイムスリップ感を味わえる。

また図書の所有者を明示するための蔵書印について。蔵書印は特に中国や日本などで普及したもので、古典籍の伝来や来歴を知るため書誌学上重要な意味をもつことが多い。資料によっては、複数の蔵書印があり、資料の所有者の移り変わりの断片をみることができてとても興味深い。この蔵書印調査にも優れたデータベースがある。国文学研究資料館が提供する「蔵書印データベース」である。このデータベースが提供される以前は、まずは篆刻辞典片手に文字の解読から始まり、文字が解明できたところで、『新編蔵書印譜』*にあたり、著名な人物の蔵書印かどうかを確認するという長〜い行程が待っていた。しかし、「蔵書印データベース」をひとたび開けば、キーワード検索が可能で、蔵書印の一文字を入れると、その文字を含んだ蔵書印が一

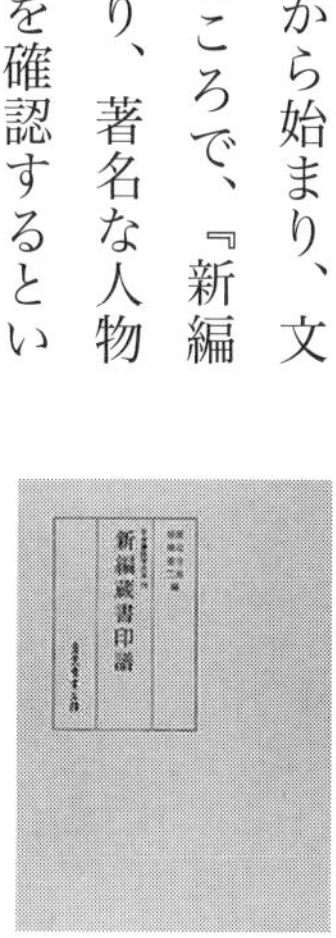

*『新編蔵書印譜』渡辺守邦・後藤憲二 共編　青裳堂書店（2001年）

覧でき、該当するものがあれば蔵書印の写真、蔵書印主、書名、所蔵先、典拠資料など一瞬でわかるのである！　思わず「超、便利～♡」と、心の声がもれるのである。

「くずし字解読AI駆使」という見出しが踊ったのは2020年6月6日の読売新聞の夕刊。「一瞬でくずし字が読めるのぉぉ～」と驚きとともに感激の嵐である。人文学オープンデータ共同利用センターが開発したくずし字解読用のAIは、国文学研究資料館が江戸時代の版木など100万字を超える膨大なくずし字を登録したデジタル版を活用してつくられた。「古文書の画像を取り込むと、くずし字の上に赤字で現代の文字が表示され、1ページの変換に要する時間はわずか1秒。そして江戸時代の文献では約90％の精度で解読が可能」という。恐るべし、AIの技！

一言で電子化といっても実に様々。そして、どんな場面においても、画像を取り込む人がいて、データを整理する人がいて、様々な専門知識を持った

〝人〟の絶え間ない努力が電子化を進化させてきたということに変わりはない。電子化の裏の見えない人間、〝ナカのヒト〟に感服するばかりである。そして、ナカのヒトの電子化への情熱を思うとき、無機質な世界にも体温を感じずにはいられない、否、体温を感じたい昨今なのである。

ブルー・ノート

憂鬱な梅雨の季節。ブルーな気分なのは雨が理由ばかりではない。昨今の大学を取り巻く状況、しいては大学図書館を取り巻く状況は混とんとしているためでもある。18歳人口の減少により大学の淘汰の時代がきている。全国の国公私立大学は約８００校、「２０４０年を見据えた高等教育の課題と方向性について」（文部科学省高等教育局）によると、２０１７年に１２０万人だった18歳人口は、２０３０年には１０３万人、さらに２０４０年には88万人と下降の一途をたどる。そのうち大学進学者数はというと、２０１７年 63万人だったものが、２０４０年には 50・６万人と現在の約80％の規模に減少すると予測されている。大学のみならず、日本の未来は大丈夫なのでしょうか？

　こういった状況下、大学の一組織である図書館もこの波を受けずにはいられない。文部科学省が実施する学術情報基盤実態調査は、国公私立大学の大学図書館におけるコンピュータ及びネットワークの現状などを明らかにするものとして毎年行われ、令和３年度の回答率は１００％と現在の大学の学術基盤の状況が如実に伺えるものである。

　令和３年度の結果を見ると、図書館資料費は、前年度より３億円減少の７０６億円（令和２年度実績）、10年前と比較すると約１・３％ダウンと微減、

その内訳は、紙媒体の資料に係る経費が全体の34％であるのに対し、電子媒体資料（電子ジャーナルと電子書籍の合計）に係る経費は全体の50％ほどと、大学図書館での電子需要の高まりが顕著である。また電子ジャーナル（アグリゲータを含む）は、国外出版社への経費が国内出版社のそれのなんと26倍以上！「私の計算あってるかしら？」と目を疑いたくなるほどの格差である。

外国雑誌の場合、紙媒体にしても電子媒体にしても毎年の値上がりは必須である。昨今は平均して毎年5％前後の値上がりが見込まれ、ある出版社の製品は10％近く価格が上昇することもある。また、レートの変動に左右される点も国内雑誌とは大きく異なるところで、円安の場合は通常の値上げに加えて、価格の上昇率が増すのである。FXをやっているわけでもないのに、レートの変動が常に気になる！というのが、大学図書館の雑誌担当者の〝あるある〟なのである。また海外電子資料へも消費税が課税されるため（いわゆるリバースチャージ方式）、経費を圧迫している現状もあり、様々なプレッシャーをヒシヒシと感じずにはいられない。

個別の大学がそれぞれ外国出版社と交渉し、契約を取り交わすのは気の遠くなるような作業である。エブリデイ憂鬱、間違いなし！　そんな私たちの強い味方が、ＪＵＳＴＩＣＥ*である。電子リソースに係る外国出版社（国内出版社もあり）との購入や利用条件などの交渉を一元化して行い、そのスケールメリットを生かすことでＪＵＳＴＩＣＥの会員館は学術情報の価格の上昇抑制など、個々の図書館においても安定した契約を維持できるのである。まさに正義！　みんなのＪＵＳＴＩＣＥなのである。

日本の研究を支える一端を担っているのが大学図書館だという自負が縁の下を支える原動力である。集中力の継続と冷静な判断力、頭脳労働にも効果的であるブルーの力をかりて、ＰＣの背景色はブルーにしよう。身の周りのものもブルーで統一して、ブルーな気分を払拭させなくちゃ。

＊大学図書館コンソーシアム連合（Japan Alliance of University Library Consortia for E-Resources：JUSTICE）は、日本の大学における教育・研究活動に必須である電子ジャーナルをはじめとした学術情報を、安定的・継続的に確保して提供するための活動を推進している組織である。

未知のしらべ

イマ、ＵＦＯが熱い！　２０２１年６月24日「ＵＦＯの日」に、福島市飯野町にあるＵＦＯふれあい館内に「ＵＦＯ研究所」が開所した。これを伝えるニュースでは、初代所長となったミステリー月刊誌『ムー』*の編集長三上丈晴氏を中心に、黒いスーツ姿の男性たちが研究所のロゴマークを手にトライアングル状に並んでいる。翌日の「福島民報」にはこの写真と共に〝飛来イベント企画へ〟の記事が一面を飾っている。ウェルカム　ＵＦＯ!!　ＵＦＯを巡っては、２０１５年１月に米海軍の航空機が撮影した飛行物体の映像を米国防総省が公式に公開、パイロットの「見ろ！　回転しているぞ」という緊迫

*『ムー』ムー編集部編
ワン・パブリッシング
※書影は２０２４年９月号

感ある肉声が生々しい。さらに２０２１年5月に同省の元担当者は「ＵＦＯは実在する」と証言し、未確認飛行物体—Unidentified Flying Object—ＵＦＯの存在が再び脚光を浴びている。

さて、高校生（15〜18歳対象）が「信じているもの」に関する調査の結果（『井上円了と柳田国男の妖怪学』＊より）を見てみよう。第一位が「霊」で47％、およそ半数がその存在を信じている。つぎが「ＵＦＯ」で34％、次いで「占い」が30％と、いずれも高校生の三分の一が心のどこかでその存在を意識している。前述は１９９５年の調査、ほぼ私と同世代が回答した結果に「なるほど〜」とうなずける。オカルトブー

参考文献

＊『井上円了と柳田国男の妖怪学』三浦節夫著 教育評論社（２０１３年）

ムを背景に、夏休みには怪談番組とスイカが定番、またＵＦＯの名物ウォッチャーとも研究者とも言える矢追純一氏は、当時この分野でのカリスマ的存在で、あるＵＦＯ否定派の教授とはしばしばバトルを繰りひろげていた。「除夜の鐘を聞きながら、矢追さんのＵＦＯ本読んでたなぁ」と、当時ＵＦＯの聖地ともいうべきライト・パターソン空軍基地の名とともにノスタルジーを誘うのである。ちなみにライト・パターソン空軍基地は、ライト兄弟がこの地で何度も飛行訓練を行ったことから名付けられている。

知人の前世は「ホウレンソウ」。占い師からそう言われたと浮かない表情。ホウレンソウから人間に！　物凄い飛躍である。ホウレンソウだったとき、どれほどの徳を積んだのだろう。釈尊が前世でウサギだったときに、行き倒れの聖者を助けるために、自ら火に飛び込み食糧となったように、行き倒れの誰かの口の中に自ら飛び込んだのだろうか？　いや、ホウレンソウには腎臓結石の原因となるシュウ酸も含まれるため生食はあまり好ましくないとのこと。謎は深まるばかりである。

土偶＝宇宙人説、ナスカの地上絵やミステリーサークルも宇宙人の仕業ではないかとの説あり、困ったときの宇宙人説である。土偶に話を戻すと、縄文時代はなんと1万4000年も続いていた。そして縄文を語るうえではずせないのが土偶である。私の机の中には、青森県の三内丸山遺跡のカプセルトイでゲットした6・5㎝ほどの遮光器土偶が横たわっている。均等の取れたフォルムは手になじんで実に愛らしい。

土偶は、「女性をかたどったもので、自然の豊かな恵みを祈って作られた」というのが通説である。しかし、それは「俺の土偶論」にすぎず、土偶にはモチーフが存在し、「土偶の身体」＝「精霊の身体」であると『土偶を読む』*の著者はいう。例えば、遮光器土偶は「サトイモ」をモチーフにしたもの、サトイモの「親イモ」が頭部に、手足に「子イモ」が配置され、施文の細部にいたるまでサトイモを表現し、フィギュア化したものだと、なるほどうなずける。数ある土偶論の中で最もしっくりくるではないか！　他にもハート型

*『土偶を読む』竹倉史人著　晶文社（2021年）

土偶や結髪土偶など、まさに土偶を読むことで「土偶のプロファイリング」を実行、ビンゴ！と思わざるを得ない（のちに、これを検証した『土偶を読むを読む』＊が刊行された）。

ミステリーなことには興味が尽きない。不思議を解明したい！と思うのは人間の性、しかし正体がわかったとたん、残念！かえって面白みがなくなるなんてこともしかり。「UFO研究所」では現在会員を募集しているもよう。会員になるべく毎夜未知との遭遇のために目を皿にして空を探しあぐねる、そんな夏も悪くない。

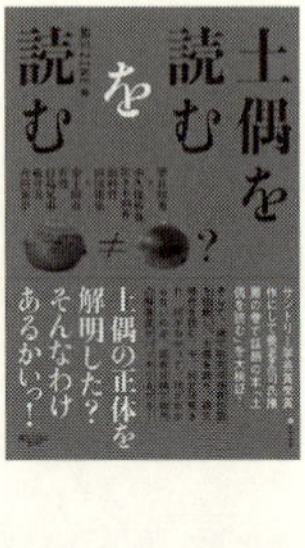

＊『土偶を読むを読む』望月昭秀編　文学通信（２０２３年）

未知のしらべ　ふたたび　壬寅（みずのえとら）編

夜空に目を凝らす日々は、今年も継続中。「何か不思議な現象はないかしら？」、「アレは飛来しないかしら？」と、未知との遭遇を毎度期待して挑むのだけれど、結果は芳しくない。「あ〜あ、これじゃ大手を振って研究員にはなれないじゃない！」と、夏の夜の夢は儚いのである。

そんな中、開所から1年をむかえる国際未確認飛行物体研究所、通称ＵＦＯ研究所が２０２２年6月25日に、福島市飯野町のＵＦＯふれあい館において活動報告会を開催したとの記事が、翌26日の「福島民友」に掲載された。

国内外から寄せられた写真や動画、文書など４５２件のうち、１４９件を独自評価規定基準に基づいて分析したとのこと。初代所長であるミステリー月刊誌『ムー』編集長の三上氏は「極めてＵＦＯの可能性が高い」と判定した４件の事例の分析結果を解説したとある。新聞には、ＵＦＯ研究所のある千貫森《せんがもり》で撮影された、白い楕円型に広がる雲の右上に浮遊するＵＦＯの写真が掲載されており、極めてＵＦＯの可能性が高い情報の一つとしている。この千貫森はもともとＵＦＯの目撃情報が多い場所であり、磁場の影響か、私がＵＦＯふれあい館を訪れたときも車のナビが正常に機能しなかったと記憶する。「未知との遭遇には場所って大事よね……」と、記事の写真を眺めながら独り言ちる夏の午後。

さて、トラベラーにはマストなアイテム『地球の歩き方』。でも、異世界を歩くには？ 心配ご無用！ 『地球の歩き方　ムー：異世界（パラレルワールド）の歩き方』*があるではないか。これはＵＦＯ研究所の所長でもある三上氏が編集長を務める雑誌『ムー』と地球の歩き方がコラボして完成した一冊である。ナスカの地上絵やペトラ遺跡から、アメリカＵＦＯの関連地域や聖母顕現の三大聖地（メキシコ・シティ郊外のグアダルーペなど）、ヘンリー８世の幽霊スポットなど、『ムー』的視点で地球を探索できる優れもの。なんて素敵！ 地球ってワンダフルワールド！と思うでしょ？ 永久保存版である。巻末の「旅で使えるエスペラント会話」では、不思議世界を旅するには必須であろう会話例が掲載されていて、例えば〝Saluton〟（こんにちは）や〝Mi ne estas vampiro〟（私は吸血鬼ではありません）など、大切なフレーズがチョイスされている。

『縄文４０００年の謎に挑む』*は、福島市にある縄文遺跡である宮畑遺跡（平成27年に史跡公園「じょーもぴあ宮畑」として整備された）をテーマにしたミステリー作品集である。宮畑遺跡の二つの謎―縄文時代晩期の直径90

*『地球の歩き方　ムー：異世界（パラレルワールド）の歩き方』地球の歩き方編集室編　Gakken（２０２２年）

*『縄文４０００年の謎に挑む　福島市〝宮畑ミステリー大賞〟作品集』じょーもぴあ活用推進協議会編　現代書林（２０１６年）

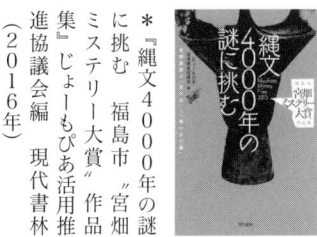

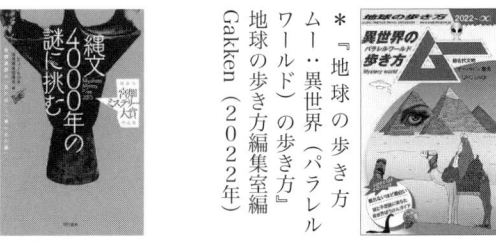

cmの巨大支柱を組んだ掘立柱《ほったてばしら》建物と全国でも例のない焼失住居（土屋根の竪穴住居の約50％が焼かれている）をテーマとしたミステリー小説を一般公募し、「宮畑ミステリー大賞」を設立。審査基準はただ一つ、面白いかどうか、「縄文の謎」×「文学賞」というユニークな試みである。最優秀賞に選ばれた「ミヤハタ！タイムスリップ」には、福島銘菓の「ままどおる」やB級グルメの「円盤餃子」、前出の千貫森も登場し福島満載の作品である。

残念ながら終了してしまった番組「世界はほしいモノにあふれてる」じゃないけれど、世界は私たちが想像する以上に不思議なことに溢れている。それをキャッチするかしないかは、きっと本人のアンテナしだい。ライブラリアンの資質の一つは好奇心よ！と常々思っている私にとって、このアンテナは時には風見鶏のように自らの進むべき道を示してくれるコンパスともなるのだ。さぁ、もう一つのコンパス『地球の歩き方　ムー』を抱えて、世界ふしぎ発見！（あれっ、これもとある番組！）の旅に出ることにしよう。

Bonan vojaĝon!

ときめき♡tonight

〝ときめき〟という響きにさえ、ロマンを感じる今日この頃。〝ときめき〟のもつポテンシャルは計り知れないと思うのですよ。ウキウキ、ワクワク、潤いが満ちてくる感じと高揚感。ときめきは心と体の最高の栄養剤じゃないかと思うのですが、どうでしょう？

女性誌『ａｎａｎ』のＷｅｂ版、「どのトウモロコシを食べたい？」という心理テストから、「近い未来に手に入るモノ」がわかるという。「何なに、早速やってみよう！」と、４種類のトウモロコシの絵を見比べる。ちなみに、

2020年で創刊50周年をむかえた『anan』の誌名は、パンダの名前に由来、名付け親はなんとパンダ好きで有名な黒柳徹子さん。だから裏表紙には小さなパンダの絵が描かれているのですよ。

さてさて、4種類のトウモロコシ。Aは皮のついた黄色の茹でトウモロコシ、Bはこんがりと焼き目のついた焼きトウモロコシ、Cはお弁当用かな？ トウモロコシの輪切りの断面、DはAのトウモロコシの皮がないバージョン。もちろんBでしょ！ とびきり美味しそうな焼きトウモロコシをチョイス。私の近い未

来には何が待っているのかしら？　と、それは「ときめき」。「これまでに感じたことのないドキドキ体験がたくさん起こり、あなたは毎日ワクワクした気分で過ごせるでしょう」だって！　なんて素敵！　頭上にキラキラした虹がかかったよう。

私のときめきの行方は？　というと、『ときめきのミュージアムグッズ』*との出会いである。美術館や博物館へ行く楽しみの一つとして、ミュージアムグッズは欠かせない。グッズが欲しいがために訪れた展覧会では、うさぎの刺繍がほどこされたTシャツをゲット。またある時は、展示を見る前にキーホルダーを求め、そのあとでゆっくりと展示を堪能と、ミュージアムグッズはときめく心を鷲づかみなのだ。

ミュージアムグッズの愛好家を名乗る著者の大澤夏美さん、全国の美術館や博物館のときめく素敵なグッズを紹介している。ページをめくりながら、ときめきがとまらない。ときめきが嵩じて、是川縄文館（八戸市埋蔵文化財

＊『ときめきのミュージアムグッズ』大澤夏美著 玄光社（２０２２年）

センター）所蔵、国宝・合掌土偶を中央に配した「縄文のスノードーム」と、国立アイヌ民族博物館グッズ、ミニチュアの木彫り熊を3Dプリントしたアクセサリーをオーダー。「グッズをゲットしたからには、必ずかの地を訪れよう」と決心。旅の計画まで夢が膨らみ、さらなるときめき。「本当にトキメキがきたー」でも動悸症状ではないですよ、あくまでときめき！

というのも、（株）ナガセビューティーケアが2009年に実施した「働く女性の『感情と脳の疲れ』に関する意識調査（トキメキ・イライラ調査）」によると、脳の疲れはトキメキやドキドキと密接な関係があり、特に40代はトキメキを感じず、9割が脳の疲れを実感、また体調不良を感じているとの結果が出たのだ。調査対象の有職女性の20代〜50代の90％以上が「トキメキは必要」と答えているのにもかかわらず、同世代の40代女性は全世代の中でもっともトキメキを感じず、必要とも思えないというのである。

うそ〜、NO トキメキ NO LIFE じゃないの？

『ときめき百人一首』*からときめく恋の和歌を一首。

「みかの原　わきて流るる　いづみ川
　いつ見きとてか　恋しかるらむ」

紫式部の曽祖父である中納言兼輔こと藤原兼輔の恋の始まりを詠った歌で、逢ったかどうかわからないのに、あのひとが恋しいというもの。解説には、相手が魅力的な女人で、逢う前から様々な噂を聞いているうちに、すっかり逢った気分になって、逢わないうちから恋をしてしまったのか？と、ときめきには想像力も大事なのね。ではここで自作の一首。

「ときめきは　待っても来ない　みずからが
　見つけに行こう　ときめきシード」

*『ときめき百人一首』小池昌代著　河出書房新社（2017年）

無限大と無力感のあいだ

人間が造った観念
自由　平等　平凡
中世の騎士道
欲望　残忍
極限の愛　罠　ブルジョア
エゴイズム　シャンパン　アリバイ
法的秩序
狡猾　肉体

陽のあたる場所

　秋田県出身の作家、石川達三の『青春の蹉跌』から抜き出した文言である。最後の一行だけは、主人公の心の叫びとして私が追加したものだけど。赤坂三好によって描かれた新潮文庫の朱を基調としたカバー絵には、倒れこむ人体と思しきものと、そのとなりには水たまりのような血痕のような影が浮かびあがり、ただならぬ雰囲気が伝わってくる。

「蹉跌《さてつ》」、つまずくこと、失敗すること（『広辞苑』第七版）の意味。法学を学ぶ大学生の江藤賢一は、自身が思い描く成功のため人を見下し、裏切り打算的に人生を歩む。だがそれゆえに人を殺めてしまう。手に入るはずだった成功、思い通りになるはずだった未来、彼は何を思うのか。

　東北ゆかりの8人の作家の作品を舞踊で表現した舞台「洽《あまね》く光〜東北のころ２０２２」に、私が選んだのは前述の小説である。苦しみ、葛藤、苛立ち、そしてかすかに見えた希望、彼のこころのうちを3分の小品にまとめ、前述の文言の朗読とともに構成される。足先から感じるほのかな誘惑、成功を求める指先、怯えあえぐ表情、彼のこころの動きは、身体の変容として表現され、舞台全体を使う動きは、彼のこころの揺れに呼応している。でも誰かを、何かを表現することは無限大のようでいて、同時に本質には到底近づけないという無力感の間を行ったり来たりする。だから創作は、非日常的な濃密な時間でもある。

尾形亀之助（宮城県出身）の『十二月』は、たった3行の詩。踊り手自らが、身体表現に合わせて詩を唱えるかたちで構成され、まるで一本のドラマを見たかのような後味を残す作品である。「紅を染めた夕やけ　風と雀　ガラスのよごれ」これだけの言葉を3分の舞踊世界に広げるという作業は、白いキャンバスにラインを引き、構図を決めて少しずつ色を重ねていくような作業である。尾形は前衛的な未来派の画家でもあった。「化粧」というタイトルの油絵は、パウル・クレーの作品を思わせる。

『とんかつ』は青森県出身、三浦哲郎の短編である。彼は長編と短編小説を碁と将棋に例え、「碁は長編小説のように、広い戦場のあちらこちらにしかるべき布石をしておいて最後に網を引き絞るが、将棋の方は、一手々々が勝負で油断も隙もならないところが、短編小説に似ている」と語っている。舞踊の小品もまさに一挙一動が勝負で油断も隙もならないところが短編小説のそれに似ている。

そのほか、横光利一著『春は馬車に乗って』（福島県）、真壁仁著『峠』（山形県）、石川啄木著『一握の砂』（岩手県）、草野心平著『河童と蛙』（福島県）、宮沢賢治の『春と修羅』（岩手県）が、東北文学のアンソロジーとして舞台化されたのである。

「今日の公演も本になりますね」とは、公演に先立ち行われたトークセッションで、編集者・作家・エッセイストの土方正志さんが発した一言である。土方さんと国境なき劇団代表の八巻寿文さんは、東北文学は、ウェールズ文学やスコットランド文学といった言語圏による文学と親和性・共通性があり、東北という枠で文学を考えることは多くの可能性を秘めている、「深く掘れば泉が湧くような」ものだとのお話。舞踊×東北文学の可能性もきっと無限大。東北文学の特異性を舞踊で表現するには？　やはり無限大と無力感のあいだをめぐる旅は続くようである。

LOVE「鼎ダーン」

『鼎談』の『鼎』の字って、カッコいいよね？　この字使いたい！」という理由から始まったのが、「としょかんぽう」の新企画、鼎談のコーナー「鼎ダーン」である。

『日本国語大辞典』(JapanKnowledge Lib) によると、「鼎」は、「かなーえ［…へ］」、「(「金瓮《かなへ》」の意。『へ』は酒食を入れる容器)」、古く、飲食物を煮るのに用いた金属の器。」、元来は、古代中国の祭器であって、炊事用であったが、神にささげる犠牲《いけにえ》を煮るようになって祭器となったそうだ。青銅製で多くは三脚、両耳つきとあり。そこから「鼎談」は三人が向かい合って話すことを意味している。また鼎《かなえ》のもととなった容器の造形が、まさに「鼎」という漢字を生んだであろうことが想像され、まさに〝漢字萌え〟。鼎談にウキウキワクワク「としょかんぽう」制作チームの3人（全員女性！）であった。

さて、第一回目の記念すべき「鼎ダーン」のテーマは「マリトッツォ」。マリトッツォとは、丸いパン生地のような可愛いらしいフォルムに、クリームがたっぷり入ったイタリア生まれのスイーツ。しかし、マリトッツォ？ マリトッツオ？ と記述の疑問から始まり、「突如出現して、ヒットしたよね？」と、いつ、どのように日本に入ってき

て、人気になったのか？ はじめからクリームが入っていたのか？ などなど謎多きスイーツでもある。

早速マリトッツォ試食会を開催、楽しく始まった試食会&鼎談のはずが、すぐに息詰まる。「なんで出てこないの？」マリトッツォの歴史や来歴、進化⁉の過程について記述された資料がなかなか見つからないのである。不確定な情報ばかりがチラホラあるだけ。以前、和×洋の代表的なスイーツ「あんドーナツ」を初めて作ったのはどこ？ を調べた時も、適当と思われる資料に記述がなく、途中で断念した記憶がある。食に関しては、記録されるよりも流行りすたりが早いのか、同時多発的に各所でオリジナルが作られて事実を一つに特定しづらいのか、理由はともかく時系列的、あるいは体系的にまとめられた文献と巡り合うのは難しいのである。

まずはイタリア語辞典でその存在をチェック、と、そのまえにマリトッツォのスペルから。こういうときはWikipediaを活用、情報全体の信憑性は低いが、ここに書かれている参考文献などは調査には役に立つのである。"maritozzo" であることが判明し、小学館の『伊和中辞典』*（第2版・改訂新版）を開くと、「干しブドウ入り菓子パン」とある。ここからが長〜い道程、新聞のデータベース、百科事典、『完全版イタリア料理手帖*知ればもっとおいしい！食通の常識』、『Hanako sweets ケーキ、焼菓子、おやつを買いに。』*、『イタリアの地方菓子とパン』*などなど、様々な文献を検索し鼎談、また調べて鼎談、さらに調べて鼎談……と、鼎談を満喫しながら「鼎ダーン」は、レファレンスとはなんぞや？を指南するという内容になったのである。

第2回目の「鼎ダーン」は、カプセルトイについて。お金を入れてバーを回すと、何かが入ったカプセルが出てくる、ちょっとしたギャンブル感を味わえるアレである。土偶や埴輪のぬいぐるみやリアルな昆虫トイ、カリモクや天童木工のミニチュア家具など種類も様々、今や街中にカプセルトイ専門店ができるほどの人気である。カプセルトイ好きの我々にとっては絶好のテーマ！こちらも実際にお店に出向いて体験しつつ、状況のレポートとも

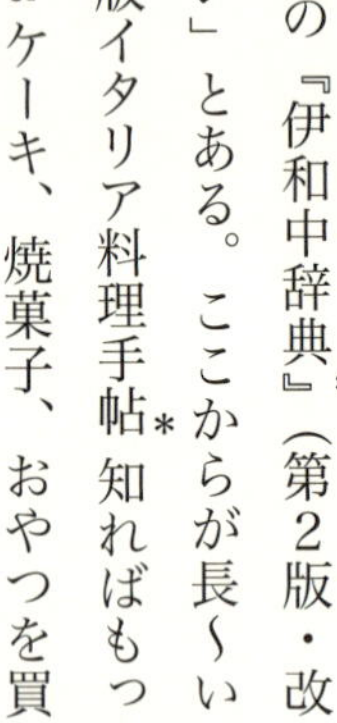

＊『伊和中辞典』（第2版・改訂新版）在里寛司・池田廉他編　小学館（1999年）

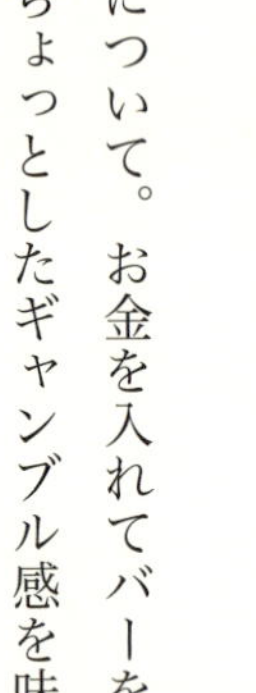

＊『完全版　イタリア料理手帖』池田愛美・池田匡克著　世界文化社（2016年）

に鼎談を開催。そして「鼎ダーン」は、著作権についての説明へと続くのである（詳細は、「東北福祉大学図書館ホームページ」参照）。

ライブラリアンの素質の一つは好奇心（でしょ！）、その範囲は様々だけれど、それを共有する能力にも長けているように思う。だから心のおもむくままに、「鼎ダーン」は私たちの密かな楽しみの仕事となったのである。

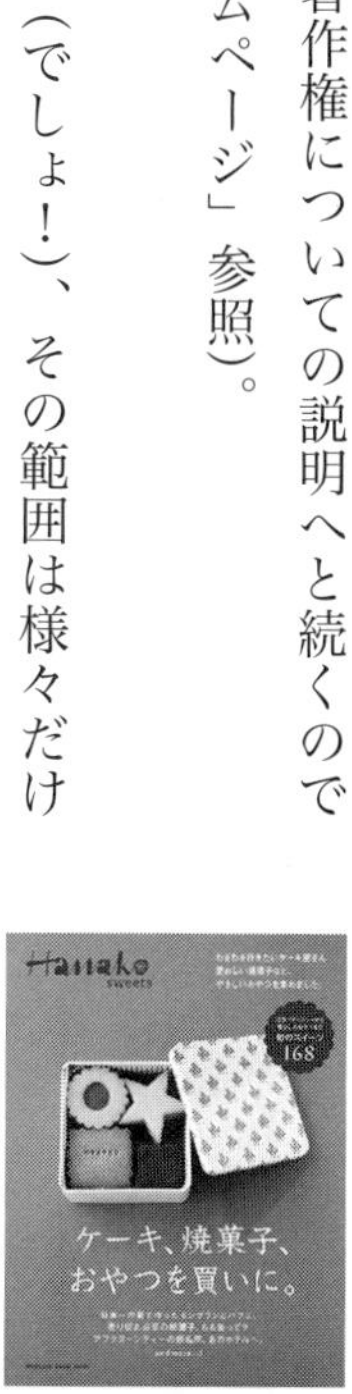

＊『Hanako sweets ケーキ、焼き菓子、おやつを買いに。』マガジンハウスムック（２０２１年）

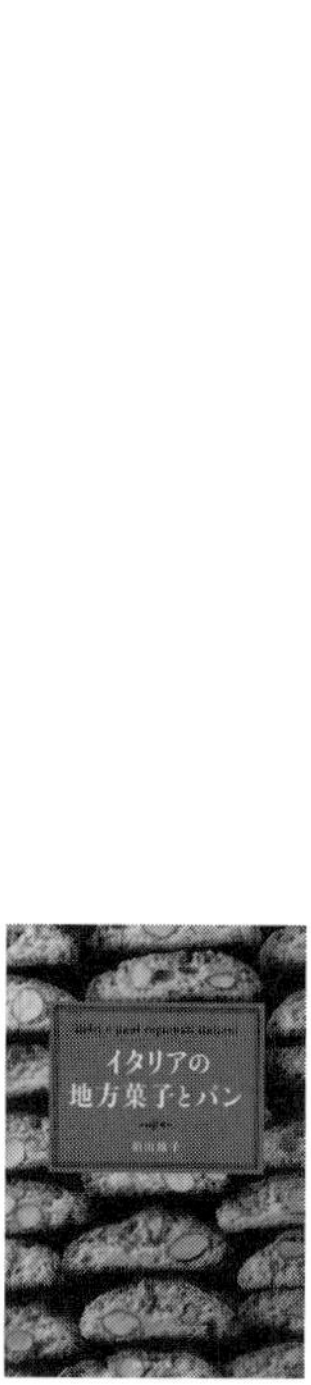

＊『イタリアの地方菓子とパン』須山雄子著　世界文化社（２０１７年）

Love「鼎ダーン」ふたたび
―あなたはタラヨウ⁉

「多羅葉《たらよう》の文」とは経典のこと。紙のなかった時代にインド、ビルマ、スリランカ（セイロン）、マドラスなどでは、熱帯植物であるヤシ科の高木であるこの多羅の葉に、経文を針で彫って写したことからこう例えられ、またこれらは「貝多羅葉《ばいたらよう》」、あるいは「貝葉《ばいよう》」とも呼ばれるものである。

「貝多羅」とは、樹葉を意味する梵語の〝pattra〟の音訳で、一般には「ターラ樹の葉」ということである。多羅樹の葉を乾燥させて、幅約6㎝、長さ30㎝～60㎝に裁断し、両面に錐《きり》などによって字を刻み、墨を流して拭き取ったもので、中には筆で書写したものもあった。単葉のままでは散佚《さんいつ》のおそれがあるので、これらを何枚も重ね、細長片の両端あたり2か所に穴をあけ、それに紐を通し、「梵夾《ぼんきょう》」と呼ばれる上下2枚の板に挟み、書冊に近い形で保存したのである。

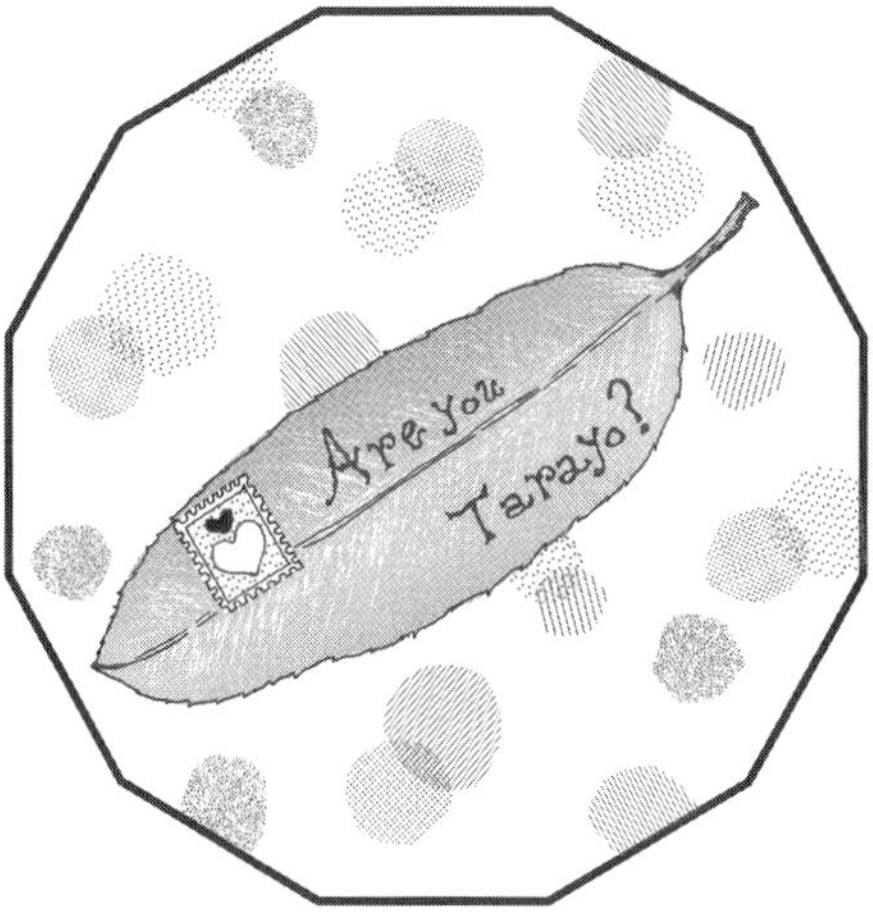

職場の館長室の窓から見える2メートルほどのツヤツヤした緑の葉を茂らせる常緑樹、どうやら「タラヨウ」ではないかという。貝原益軒の著書『大和本草』巻十一に「多羅葉」についての記述があり、それによると、日本で「たらえふ（タラヨウ）」と呼んでいたのは、モチノキ科の植物で、その葉の裏に尖った

もので文字を書くと、その痕が墨で書いたように黒くなることから、これを日本にはないヤシの葉「しんのたらえふ」に比したものとある。授業でも使われる座禅堂の裏側にいつ植えられたのか、ひっそりと佇んでいるその木は、果たして「タラヨウ」か？

実際に手にしたその緑の葉は、ギザギザしていて厚みがあり、ちょっとフカフカした感触、葉の大きさは18㎝ほど。『大和本草』にもあるように、早速タラヨウの葉の裏側にボールペンの先で「ほんとうに書けるかな？」と書いてみると、驚くほどくっきりと文字が浮かび上がる。まるで墨で書いたよう、ちょっとすごいかも！

モチノキ科モチノキ属のタラヨウは、静岡より西の方が主な分布であるが、宮城県内には数か所このタラヨウの木がある。塩釜神社（塩釜市）や加茂神社（仙台市泉区）、名取市の佐倍乃《さえの》神社、仙台中央郵便局にもあるらしい。塩釜神社のタラヨウは「拝殿に向かって左手に立つタラヨウは推定樹齢５００

年、高さ16メートル越」(河北新報　2019年7月1日)とある。樹齢500年！すごいぞ。タラヨウは神社や学校などに植えられることが多いらしく、経典やテキストとの関わりが深いことからこういった場所に植えられたのだろう。

さて、「タラヨウ」に極めて近いようだが確定には至らず。と、ここでAIの登場である。「Picture This：撮ったら、判る──1秒植物図鑑」というアプリ、98%の精度らしい。早速写真を撮って、ピピピピ……「タラヨウ（多羅葉）モチノキ属の一種」との判定。「タラヨウだーーー!!」館長室からタラヨウの木が見られるなんて素敵！とテンションマックスの、コイケ、金ちゃん、子金治（鼎談メンバー）。

後日、塩釜神社のタラヨウの葉と比較する。ん？葉の大きさや厚み、ギザギザ感がどうも違うぞ。どうしたことか？タラヨウには種類があるのか？AIはタラヨウって判定したよね？タラヨウか？タラヨウではないのか？タラヨウだったらいいのに……。タラヨウの旅は終わらない。

言葉で綴るわたしの一日

一日はあっという間に過ぎるのに、一週間は長い。「週休5日になりますように」と、七夕の短冊に願いをしたためたのは芸人のヒロシ。「わかるわぁ」、でも一か月は瞬く間に過ぎていく。

『なんでもない一日の辞典』*は、何気ない一日の瞬間を「言葉」を使って丁寧に切り取った一冊である。「目が覚めたとき、どんな光に包まれていましたか？」「学校や会社が終わって、帰宅するときの空の色はどうでしたか？」と、ついつい見過ごしてしまう一瞬を、時間、オノマトペ、テーマとその連想語を瞬間凍結。凍結した透明な箱の中をのぞくと、どんな場面が一日をつくっているのかが見えてくる。というわけで、なんでもない私の一日は？を検証！

＊『なんでもない一日の辞典』山口謠司著　水元さきのイラスト　WAVE出版（2022年）

6：00

ぴかぴか：新しさで輝くさま。まぶしく感じられるさま
むくり：急に起き上がるさま
テーマ：始まり
曙：夜がほのぼのと明けるころ
真っ新：全く新しい。新品の

8：30

きびきび：態度、動作などが引き締まっていて気持ちがよいさま
かたこと：かたいものが、ふれ合ってたてる小さな音
テーマ：整える
整然：秩序正しく、きちんと整っているさま
調和する：バランスがよく釣り合う

12：30

もぐもぐ：くちびるを閉じたまま、何度もかむようす
けたけた：愉快そうに笑う際のかん高くひびく声。また、そのさま
テーマ：リラックス

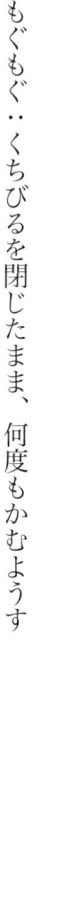

16：30

和気藹々《わきあいあい》：人々の間になごやかで楽しい気分が満ちあふれているさま
オプチミスト：楽天主義者
ばたばた：続けざまに軽く打ち合わせる音
こくりこくり：液体を一口ずつ続けて飲み込む音。味わうように飲み込むさま
テーマ：アクセル全開
ラストスパート：最後の頑張り
殺気立つ：殺気が表情や態度に表れる

18：00

いそいそ：心がはやり、勇むさま。
　うれしさに心はずませているさま
しんみり：深く心にしみ入るさま
テーマ：肩の荷が下りる
カタルシス：抑圧心理の解放
ヒーリング：癒すこと

【解説】

6時、平日の朝は忙しい。むくっと起き上がれたらその日は上々の滑り出し。お弁当の準備、時にはシャワー、体のことも考えて朝イチは白湯をいただきましょう。

8時半、書架整理から一日の仕事は始まる。書架整理とは、分類ごとに本が正しい場所に収まっているか、乱れがないかをチェックする作業である。図書館の基本中の基本の作業、書架も整えつつ、自身の心も体も整えるための準備体操のような大切な時間。ちなみに英語ではShelf Reading―〝書架を読む〟なんだかいい響き。目を凝らし、本を整えるカタコトという音が心地いい。

12時半からはランチタイム。「もぐもぐ」とは、「黙々と食べるようすに用いられ、そこには会話はない」とのこと。コロナ禍の代償!?、展示やイベントの面白いアイディアはランチタイムの他愛もない会話から生まれることが多い。だから〝わいわい〟ランチを楽しめる日がきたら、さらなる面白い企画が生まれることを今から期待するばかりである。

参考文献

『日本語オノマトペ辞典：擬音語・擬態語4500』小野正弘編
小学館（2007年）

16時半、仕事終了まであと一時間。今日中に終わらせたいことは、この時間にはめどをつけないと！　ここからが勝負よ。キーボードを打つ手にも力が入る。でも水分はしっかりとりましょう。脳がビーフジャーキーのようにスカスカにならないように。

18時、仕事が終わっての家路はついつい急ぎ足になる。10代のときに夢中で見ていた海外ドラマ「ビバリーヒルズ青春白書」が見たいがためでもある。登場人物はみんなマチュアでかっこよく、でも勉強そっちのけで恋愛とパーティーにあけくれる大学生の話だと記憶していた。しかし、貧困や人種問題、さらにはドラックやＬＧＢＴＱと社会派な内容も盛り込まれており、その重層的な内容に改めてハマったのである。懐かしいものにはデトックス効果あり！

なるほど、私の一日はこんな風にできているのか。日常はなんでもないことの繰り返し、だからこそこれらが私をつくってるんだよね。なんでもないことを丁寧に！と誓う２０２２年師走のとある日なのであった。

参考文献

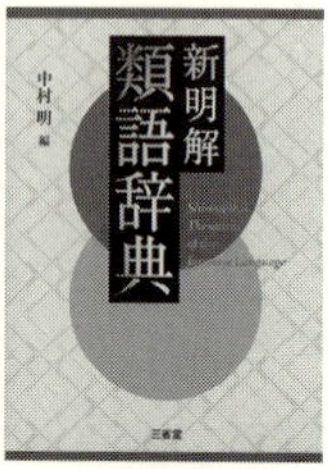

『新明解類語辞典』中村明編　三省堂（２０１５年）

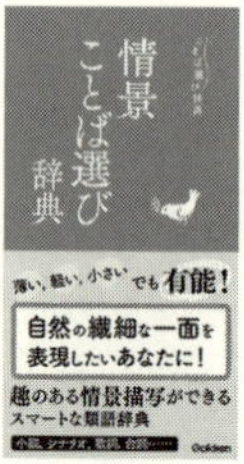

『情景ことば選び辞典』学研辞典編集部編　Gakken（２０１９年）

〝賢治〟を超える日

あなたは電柱の重さを実感したことがあるだろうか？ 電柱の重さは軽いもので５００kg、重いもので６トンだそう。ちょっと想像し難い重さである。しかし、次の名言と共に、私たち図書館員にとって電柱の重さは現実のものとなる。

「電柱と本が重いのは相場が決まってる！」

このキレのある名言は、図書館の周辺機器を扱う某業者Ｎさんのもの。そ

うですとも！　私たちはこの名言に心から拍手をおくりたいのである。Nさんありがとう。図書館の仕事は重労働、私たちは日常的に本や雑誌の移動や廃棄作業など、デスクワークばかりではないのです！

図書館は資料を保存し次の世代へ継承するという役目も担っている。となると、増える資料を充分考慮に入れたうえ、それらの保存スペースの確保は必須であり、いつの時代も最大の課題である。また、それらにかかる費用も膨大、頭痛のたねともなる。

国立国会図書館の前身である帝国図書館は、国の威信をかけて東洋一を目指し、桝形の中庭を囲む地下1階、地上3階建ての古典主義様式の西洋建築を用いた図書館建築計画が立てられた。しかし、戦争による国の財政の逼迫等によりこの計画は二転三転、ついには当初の計画を果たすことはできず、その規模は3分の1程度となったのである。この帝国図書館という前例が、日本のその後の図書館を映す鏡だったのかもしれない。

さて、資料保存のためのスペース問題。これを解決するには、①広大なスペースのある新館を建設する。②増築する、③貸書庫を探す、④資料を捨てるという、積極的選択から、消極的選択へと下降線をたどるのである。そして、この4番目しか選択肢がない場合、資料にとっても私たち図書館員にとってもダメージが大きい。作業による疲労もさることながら、図書館の存在意義とは？と考えて精神的負担も大きい。常にこの天秤の上に図書館員は立たされているのである。

猛暑の続くある8月初旬、天秤がついに4番目へとかたむいた。暑い！　重い！　悲しい！　私たちの気持ちも下降線をたどる。重複資料の一部がついに廃棄されることとなったのである。6階の書庫に収められていた重複資料、6階から5階まではエレベーターなし。まず箱詰めされた資料を部屋からローラーを使って人力で運び出し、エレベーターのない部分は二人一組で息を合わせてエイヤーっと運び降ろす。一箱ずつの地道な作業、作業用の勝負服は汗だく、体力ももちろんだが、気力とチームワークが重要なのだ。そして、「本を捨てる」という罪悪感が箱をさらに重くし、これらの思いも共有する。

この時の廃棄量、なんと重さにして約3トン。1・5トントラックで2台分、電柱の重さは私たちにズッシリとのしかかり、罪の意識は3トンを超えた?!かも。

こういう状況下、思いいたるのは宮沢賢治の詩である。雨ニモマケズ、風ニモマケズ、雪ニモ夏ノ暑サニモマケヌ（いや、猛暑には完敗です）、……決シテ瞋ラズ（いえ憤死しそうなときもあります！）という心の声と格闘しながら、でも出来るだけ心を軽くして作業を進めたいと努めている。こういう日のことを〝賢治超え〟つまり宮沢賢治をしのぐほど頑張った日という意味でそう呼び、自分たちをなぐさめ鼓舞している。そして、これからも〝賢治超え〟の日はきっと続くのである。

永遠のビックスター
——偉大なる編纂物編

私がライブラリアンとして大いにリスペクトしているものの一つに、『国書総目録』とその続編である『古典籍総合目録』*がある。これらの編纂物は、人々の想いの塊であるといってもいい。この〝情熱〟なくしてこれらの偉業はなし得なかっただろうと、彼らの想いや掲げた理想、要した時間や労力に思いをはせるとき胸が熱くなる。レファレンスコーナーにある全八巻・索引一巻の『国書総目録』は、1989年に岩波書店から刊行された補訂版、その前でついつい足が立ち止まり、しげしげと見つめてしまう、グレーの布カバーに金文字の背表紙。脳裏に刻まれたおなじみの姿である。

* 『古典籍総合目録』は、『国書総目録』の刊行後、「古典籍」に名称を変え、国文学研究所が編集し、冊子形態で出版された。

『国書総目録』全八巻は、国初から、明治維新（慶応三年）までに、日本人が国内で著作し、編纂し、翻訳した一切の図書の書誌事項とその所在を採録した総合的目録である。採録件数は、約50万。50万と安易に納得することなかれ！これには、戦前に採集された書目カード約100万枚を元に、戦後採集した約70万枚を追加した170万枚程の書目カードから編纂されたもの。この書目カードは、全国の主要な公私図書館、各大学付属図書館を中心に、各地の文庫などからも広く採集され、地道なカード収録を一枚一枚手書きで行った作業の結晶なのである。全巻完成まで32年、数億円を要した一大事業、まさにアンビリーバブル！そして、この目録の最大の特徴は、資料

を所蔵する図書館なり、文庫なりが記載されているところにある。

さて、あなたが目録を開いて『女大学』の項目を調べるとしよう。すると、まず「女大学」の次に「おんなだいがく」とよみがきて、一冊（巻冊）、分類「教育」、著者「貝原益軒（篤信）」とくる。ちなみに、『女大学』の分類が、「教育」という点に心中穏やかではないが、女として夫を支え、舅、姑には孝行し、身だしなみはきちんとしなさいなど、女はこうあらねばならぬという江戸時代の女性のための教訓書である。

さてさて、続きに戻ろう。「写教大（版本写）」とあり、資料が手書の写しであること、筑波大学が所蔵しており、この資料は版本からの写しであるということがわかる。続いて、「㊫寛政二版：日比谷東京、文化一一版：教大、天保一三版……」、版本の刊行年ごとに所蔵機関が示されている。足を使った地道な調査のなせる業！　さらに、明治以後刊行の活字本の叢書に所収されたもの、単行の活字翻刻本、また雑誌・紀要などに翻刻されたものまでもが記載されており、『女大学』の場合、「益軒全集三」などが記されている。と、この情報量の多さに驚愕&脱帽！

この『国書総目録』が編纂される以前、生み出されるはずだった兄（姉？）の存在があった。全巻完成まで32年を要した前半部分、岩波書店の創始者である岩波茂雄の発意による『国書解題』である。これを遡ること数十年、佐村八郎単独による明治33年初版の『国書解題』一巻の存在があった。これを質量ともに凌駕する大掛かりな国書の解題目録を編纂したいというものだった。しかし、様々な理由により『国書解題』の出版はかなわず、『国書総目録』という形で実現するのである。この「国書」という意味、佐村から『国書総目録』にも踏襲されるのだが、「国」とは明治維新以降に強く意識された国体としての日本を意識するものであり、欧米化する以前の日本という意味が込められている。『国書総目録』の編纂の辞には、「国初から慶応三年までの間に、日本人が著作し、編集し、あるいは翻訳した書籍」が「国書」であると書かれており、これは佐村の定義と同じなのである。

『国書総目録』は、現在「国書データベース」(「日本古典籍総合目録データベース」と「新日本古典籍総合データベース」を統合したもの)として継承されている。国文学研究資料館が運営を担った「日本古典籍総合目録データベース」のトップページには、『国書総目録』(岩波書店刊)の継承・発展を目指して構築した、いわば「新国書総目録」ともいうべきもの」と書かれていた。ボルヘスの『百年の孤独』を凌駕する壮大なスケールの系譜を見ているようで、きっと今日も『国書総目録』の前で足が止まることだろう。

辞書をめぐる旅——ブックレビュー編

Travel around dictionary

Book review edition

総記

〃おじいちゃん〃と呼んでもいいですか？『図書学辞典』

020.33
書誌学
辞典・事典

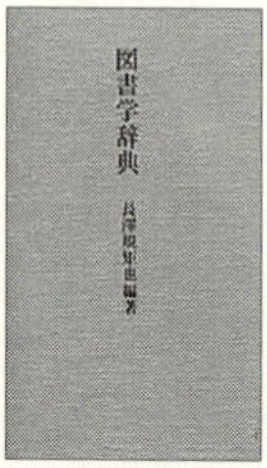

『図書学辞典』長澤規矩也編著　汲古書院（2004年）

書誌学界のレジェンド長澤規矩也氏には、おこがましいと思いつつも畏敬の念と共に、勝手に親近感をもっていて、〃書誌学界の祖父〃と常々思っている。というのも、私の手元にある『図書学辞典』は、使い古され書込みも多数、和漢書整理時の必読書であり実用書、私の恩人のような存在の著者だからである。

古書目録作りの第一人者である長澤氏が記したこの辞典は、「和漢書誌学用語早わかり」とあるように、主に古書を整理するための参考書である。ではまず「古書」とは？ 本書からの解説をしよう。

古書―東洋古来の装丁による本―とあり、つまり、糸綴じの本のことをさす。例外として、糸綴じの形式をとっていても本文にザラ紙や印刷紙やアート紙を使用し、両面に印刷したものは古書としないとしている。ちなみに、新書は古書に対して本文にザラ紙などを使用し両面印刷されたもの、その大部分は西洋式装丁のものである。さらに「新書と古書と二分する理由は、整理技術上と排架方法上とからによる。古書の整理には特殊技能を要する。又、元来、古書は平積み、新書は立架する。」ということなのである。

古書整理は確かに特殊で、洋装本の整理法とは全く異なる。例えば古書の目録自体が読めないこともしばしば。早速、辞典をフル活用して次の解読を試みる。

「春秋左傳三十巻　晋杜預集解　日本那波師曾點
寛政十二年大坂米田清右衛門等刊文政六年江戸須原茂兵衛等印本」

まずこれは、中国人が編纂した漢籍を日本で刊行した和刻本、つまり和刻本漢籍である。目録上、内容は漢籍なので、中国における最も普及した四庫分類法、経史子集の四部にて分類する。春秋左傳は、儒教の五部の重要な経典、―周易（周代の易の書）・尚書（上代の史書の意）・毛詩（毛氏に伝わった詩のテキスト）・礼記（礼に関連した雑記）・春秋（魯の年紀をもって序次された春秋時代の史書）―なので（漢学派による）、経部に属する。

次に責任表記。中国、晋王朝（２６５年―４２０年）時代に杜預がまとめたものに、江戸時代中期に活躍した儒学者である那波師曾が漢文を読むための返り点や句読点を加えたもの。さて出版事項には出版者らしき人物が年代と場所を超えて二組登場する。この場合、寛政十二（１８００）年に大阪の書肆である米田清右衛門らが版木におこし出版したものを、文政六（１８２３）年になって江戸の書肆須原茂兵衛らがその版木を使って再版したということである。このように「刊」と「印」の違いは重要で、実際に刷りの美しさは全く違うのである。目録を読むにも少々苦労する状況、おわかりいただけただろうか？

長澤氏が和刻本漢籍の長年の調査をまとめて自費出版した『和刻本漢籍分類目録』（汲古書院 1976）は、静嘉堂文庫や内閣文庫など数々の文庫整理の経験を活かし、実際に現物を比較し編まれた目録であり、研究書としても一級品、大変貴重な一冊である。こちらもmyバイブルとして私の本棚に並んでいる。

『古書のはなし』（冨山房 1994）に、太平洋戦争中の彼の功績がわかる逸話がある。アメリカへ疎開させるべく中国で集められた貴重な古書が、香港において日本軍に接収されたのだが、日本でこれらの資料を整理し目録を作成したのは長澤氏であった。戦後、整理された資料は彼の略目と共に無事中国に返還されたのである。また、東北大学附属図書館の狩野文庫の整理時の話。この時、熱心で有能な図書館員がいて大変助かったという記述があるのだが、その熱心な図書館員とは、私が古書整理を始めた頃に教えを乞うたまさにその人物だったのである！〝書誌学界の祖父〟との勝手な思い込みは、あながち間違いではなかったことが判明！うれしい驚きである。

哲学

あの世の歩き方『仏辞苑』

老後の心配はしたくないけれど、あの世には興味がある。さぁあの世へひとッ飛び！しかし、あの世といって浮かぶのは、三途の川に賽の河原、極楽、地獄にエンマ大王ぐらいかな。興味があれど知識に乏しい、トホホ……。困った時の神頼み、こんな時に役立つのが『仏辞苑』である。1992年刊行の初版、『仏教いわく・因縁・故事来歴辞典』の改訂・増補版（1200項目を改訂、増補として全宗派に関する事柄を収集し項目は2700余）、内容がシリアスなのに語り口がマイルドで、面白くてためになるユニークな一冊。

『因縁・いわく・故事・隠語：仏辞苑』松本慈恵、松本慈寛編著　国書刊行会（2021年）

「極楽」、苦悩がなくこの上ない幸福がある仏国土を意味し、西方十万億の仏国土を過ぎたところにある阿弥陀仏の極楽浄土を指す。生死、寒暑、憂悩の苦しみがなく、七宝の樹林に七宝の池、天楽雨華の荘厳あり、花は咲き、雅楽の調べに心地よい気候、そして不自由と不満が全くないという理想の世界。夢見心地である。一方「地獄」は、「この世で悪業を犯した人間が堕ちて、呵責を受ける地下の牢獄。」から始まり、極楽の3倍以上の記述がある。「地獄の沙汰も金次第」、「地獄の地蔵」と、私たちにとって極楽よりも地獄の方がより身近ということか。ここで『地獄の歩き方』（田村正彦監修　小野崎理香、水野ぷりん絵　金の星社　2019）も参照してみよう。まず私たちは亡くなると、死出の山への登山から始まる。そして、三途の川を通り（名所はその手前の賽の河原）、十王裁きを受け、次に六道（地獄・餓鬼・畜生・修羅・人間・天）におもむくが、ここまでの道のりさえかなり長い。あの世も楽じゃないのね。さぁ地獄はここから。地下二万由旬《ゆじゅん》のところ、日月の及ばないところに八熱地獄と八寒地獄とがある。犯した罪により、熱鉄の縄にしばられ熱鉄の斧で切り裂かれたり、鉄炎の口ばしをもった鷲に腸を奪われたりと、「欲に限りなし地獄に底なし」とはこのことか！　と、「知らぬが仏」と地獄を知ってしまったことを後悔するのである。だが、あの世に絶望して決して「雪隠の火事」にならないようにしてほしい。わかったかな？

八寒八熱の地獄は決してあの世にあるのではない。「地獄極楽は心にあり」で、心に増悪や嫉妬などをもてば、その心に地獄の様相が現出し、心に安楽や憐愍などをもてば、その心に極楽の様相が現れると『仏辞苑』には書かれている。なるほど、その通り！　日頃の心の持ちようが大切ということ、「地獄遠きにあらず極楽また眼前なり」である。

京都、広隆寺に安置される木造の弥勒菩薩半跏思惟像は飛鳥時代に作られたもの。国宝彫刻第一号でもある。片足を他方の足に乗せ、口元に微笑みをたたえながら、人々を救済する方法を思索する姿は、実に穏やかで美しい。さて、弥勒とは、サンスクリット語のマイトレーヤのこと、慈氏、慈尊と訳す。いま天上界の兜率天《とそってん》（弥勒浄土）にいて、釈尊入滅後五六億七千万年後、人寿八万歳のときこの無仏世界に出現し、竜花樹の下で悟りを開き、ふたたび仏法をひろめ、釈尊の説法にもれた人々を救うとされる。何事においても、仏教界の時間軸はスパンがとてつもなく長い。人間のスケール感とは次元が違うよ。

ところでこれが転じて、弥勒には「次の出番を待つ人」という隠語があると、付録の「隠語あれこれ」の豆知識。それから、「私ね〜、悪筆なのよ」なんて軽々しく口にしてはいけませんよ。字が汚いことが転じて、悪筆＝痔が悪いという意味になるらしいから。ここで応用問題。「あぁ〜、泡般若（湯）で火焙《ひあぶり》は最高だぁ。」わかるかな？

歴史

『日本の生死観大全書』

めめんと・もり

諸行無常。伏流水のように私たちのなかに静かに流れている生死《しょうじ》観である。平生は忘れていても、ときにその水音を感じ、草木を愛で、空を見上げたりするのである。「諸行無常」は仏教語で、仏教教理の特徴をあらわす、「諸行無常」、「諸法無我」、「涅槃寂静」の三法印の一つ。『日本の生死観大全書』は、死の床での名句や、遺言、弔辞など様々な死にまつわる場面を切り取って、登場する人物の生きざまを見せてくれる。一瞬たりとも止まることのない生の営みが、ぷっつりと途切れたとき、故人の不変の旅は終わりを迎えるのか、それともこれさえも旅の一部なのだろうか。

『日本の生死観大全書』立松和平・山折哲雄・宮坂宥勝監修　四季社（2007年）

※品切れ

281.04
伝記・日本
評論集

加賀藩の豪商銭屋五兵衛は、17歳で両替商の家督を継いでから、新たに呉服、木材商、米穀の問屋などを営み、50歳を過ぎてから北前船の商いに挑戦、廻船問屋としても成功し、莫大な財産を築く。しかし、人生最後にして最大の挑戦であった河北潟の埋立て工事に着手したことにより、一族の末路は悲劇へと大きく舵を切るのである。銭屋五兵衛の座右の銘は、「欲と色と酒とは敵と思へ。」というもの。色や酒に心を乱されることなく、加賀藩のため、銭屋のためにと身を粉にして働いた五兵衛の最期は牢死というさびしいものであった。「酒と女と歌を愛さぬ者は、一生阿呆で過ごすのだ」との言葉を残した16世紀の宗教改革者マルティン・ルターの人生とは正反対、なんとも皮肉であるが、ここに銭屋五兵衛の美学を見るのである。

戦後の日本を代表するジャーナリストであり、大宅壮一文庫の創設者、大宅壮一の最期の言葉は、「おいだっこ」。夫人に向けて発せられた言葉らしいが、あの風貌からは想像もつかない最期の言葉にぷっと笑いが込み上げる。「恐妻」、「一億総白痴化」など、時代を表現する言葉を生んだ彼が、最も甘えたい人に最も甘えた言葉を最後に残したのかもしれない。

同業者に堅物と言われた小説家石川達三の遺言、葬儀に関して「戒名は嫌です」というもの。昭和53年5月1日に書かれたそれは、書き残すこととして十項目、葬儀に関してとして三つ書かれたうちの一つである。僧侶も○○君だけと指名し、「僧がぞろぞろ並ぶのは好きでない」と言い放った石川、堅物は堅物らしい遺言を残した。カメラマンの林忠彦が「当たりまえのことが、気になる人なんだ」と言ったように、自身を貫く生き方を模索し続けた人生だったのだろうと思う。

澤地久枝が向田邦子に送った弔辞は、「締め切りに追われることもないのね」である。台湾への取材旅行中に航空機墜落事故で突然この世を去った向田に、同志として、同じ女性としてつづった彼女の弔辞は、言わなかった、あるいは言えなかった互いへの言葉の隙間を埋めるように、慎重に、丁寧に紡がれている。それらの言葉は、まるでスノードームの中の雪のように、聴者の心の底に静かに積もっていく。

それぞれの死の断片を見ることは、それぞれの生の軌跡を見ることである。日本の海防の重要性を『海国兵談』に記した寛政の三奇人の一人林子平の句、「親もなし妻なし子なし版木なし金もなければ死にたくもなし」。彼はこの本を出板したことにより、蟄居処分を受け版木も没収、無いない尽くしの彼の人生はこの句がすべてを物語っている。死も旅の一部であるのならば、子平のその後はもっと豊かなものになっていてほしいと願うばかりである。残念なのは、本文中『海国兵談』が『開国兵談』となっていること。

ロシアの使者ラクスマンが根室に来航したのは寛政4（1792）年、イギリス軍艦フェートン号が長崎に侵入したのが文化5（1808）年、そして子平が『海国兵談』を脱稿したのが天明6（1786）年、この時すでに日本の開国へのカウントダウンは始まっていたのである。

社会科学

異世界へのいざない
『日本怪異妖怪大事典』

人知を超えた出来事に遭遇したとき、私たちが心の拠り所とするものとは何か？ それは神や仏、そして妖怪ではないか。縁結びに家内安全、合格祈願に始まり、コロナ禍ではアマビエやヨゲンノトリといった科学とは無縁の未知の生き物に私たちはそっと希望を託すのである。見えないものを信じたい、見えないものを観てみたい、そうだ異世界へ行こう！

日本全国津々浦々、怪異・妖怪の伝承は数知れず。『日本怪異妖怪大事典』は、民間に伝承されていた怪異・妖怪の事例に民俗事例やアイヌの事例を加

『日本怪異妖怪大事典』
小松和彦監修・編、常光徹ほか編　東京堂出版（2013年）
※品切れ

えた3万5000件以上の項目で構成されていて、突然脚光を浴びた妖怪もびっくりしたに違いない充実ぶりである。

その一人⁉「あだちがはらのおにばば」は、福島県二本松市の安達ケ原に住むという鬼婆伝説に由来する。「鬼婆は、旅人をもてなすふりをしながら殺して食べる、あるいは妊婦の腹を裂き、胎児を取り出して食べるともいう。」ひょえぇ〜！　だが、幾度となく聞かされて育ったせいか、妙に親近感を覚えるおにばば。現在この場所は「安達ケ原ふるさと村」という観光スポットとなっており、八重歯？　がチャーミングな鬼婆のキャラクター「バッピー」が出迎えてくれる（ここで提供されるオリジナルメニューには度肝を抜かれるが是非お試しあれ）。また同市の観世寺の境内には、鬼婆の墓である黒塚や棲家だったといわれる岩屋、人を殺めた包丁を洗ったといわれる池が残されており、御朱印も「黒塚」の文字がおどり鬼婆ファンの心をくすぐるのである。

「たんたんころりん」は、古い柿の木の化けた妖怪で、柿の実を取らないでほったらかしにしておくと、大入道の姿に化けて現れると言われている。水木しげるの「たんころりん」は、この「たんたんころりん」がモデルとなっており、ぎょろっと見開いた眼に吊り上がった眉、大きな鼻の大入道は恐ろしい顔つきで、柿の妖怪とは到底思えない（『水木しげるの妖怪地図』平凡社2011参照）。東北には他にも柿の木が化けた柿男や柿入道の民話があり、宮城県仙台市の事例はちょっとグロテスク。「仙台の昔話」の中の「柿の精」（『仙台郷土研究』第一巻第四号）によると、ある家の下女が、家の柿がおいしそうに実っているのを食べたくてたまらなかった。そんなある晩、真っ赤な色をした大男が戸口に立っていて、その男は串で自分の肛門をほじれと言い、さらにそれを舐めてみろと言って帰っていった。舐めてみると甘い柿の味がしたというのである。まさかの大胆なストーリー。たんたんころりんよりも、串を舐めた下女のほうが怪異であると思うのだが。

「こっくりさん【狐狗狸さん】」とは「特定の装置を用いて複数、もしくは単独で霊的な存在を呼び出し、質問に答えてもらう占いの一種」である。狐などの動物霊や人間の地縛霊や浮遊霊が関係しているとの説があるが、佐賀県呼子町（現・唐津市）の事例は興味深い。「カトリック信者のいる所にはキツネが降りてこないので、コックリさんができない」とのこと。なるほど、異教と狐は相容れないということか。しかしコックリさんにはキューピットさまやエンゼルさま、はたまた権現さまといったバリエーションが存在し、異教にも神道にも柔軟に対応し誰もが楽しめる環境があった様子が面白い。

口絵の「孫悟空の噂をする日本の妖怪たち」は、ワイワイガヤガヤ肩を寄せ合い、「唐には妖怪をやっつける孫悟空ってのがいるんだってよ。くわばらくわばら！」なんて会話をしているよう。妖怪の人間臭さがなんとも滑稽で、そのにくめない様子が妖怪を身近に感じさせる理由の一つだろう。

水木しげる記念館は人気の観光スポットだし、宮崎駿作品「もののけ姫」も大ブームとなり、妖怪・怪異は地域活性化やインバウンドにも大変な影響力を持っている。天狗やカッパ、狐や狸などの「もののけ」が日本を救う、そんな未来も遠くないかもしれない。

自然科学

永遠の少年、マキノくんの冒険
『ＡＰＧ原色牧野植物大図鑑』

自らを〝草木の精〟と称するキテレツな人物は、ボウブラを前に少年のような無邪気な笑顔をカメラにむける77歳の牧野富太郎である。これは『牧野植物学全集』で昭和12（１９３７）年に朝日文化賞を受賞した後、また昭和15（１９４０）年『牧野日本植物図鑑』出版以前に撮影されたものである。

生涯を植物に捧げ、あらゆる権威、名誉、地位、体面とは程遠く、多額の借金と人生を共にしながらも思うがままに植物の研究に没頭した幸福な人生だったろう。採集した植物の標本は40万枚超、１４００以上の新学名を発表

『APG MAKINO's ILLUSTRATED FLORA IN COLOUR：ＡＰＧ原色牧野植物大図鑑Ⅰ』邑田仁・米倉浩司編　北隆館（２０１２年）

し、植物相を網羅した植物誌の出版と植物の分類学に独学で挑み、彼の名を冠した図鑑は、その後多くの人の手を借りて増補や改訂、新訂などを重ね、カラー版、学生版など数種類、数十冊に及ぶ超ロングセラーとなった。

緑色のカバーにゴールドのタイトル文字が眩しい『ＡＰＧ原色牧野植物大図鑑』は、『原色牧野植物大図鑑』を底本として、近年の植物の進化を反映したＡＰＧ (Angiosperm Phylogeny Group) と呼ばれる分類学システムに従って、科の配列を組み替えて出版された図鑑である。

「ワレモコウ」は、地味なビジュアルで、夏から秋にかけて草原に人知れずダークな赤色の花を咲かせる植物である。「強烈な哀愁を感じる」と、私の母はいつもこの植物に多大なる悲哀の情を抱いてきた。誰に言うでもなく一人「吾も紅」と表明していると。ふむふむ、図鑑を開く。ワレモコウ、バラ目、バラ科、ワレモコウ属。なんとバラ科であったか。そして、「日本の木香の意味で我れの木香というといわれている」と。「吾も紅」ではなく、「我、

『APG MAKINO's ILLUSTRATED FLORA IN COLOUR：ＡＰＧ原色牧野植物大図鑑Ⅱ』邑田仁・米倉浩司編　北隆館（２０１３年）

木香《モッコウ》」。母の長年の憐憫の思いは一瞬にして打ち砕かれたのである。さて彼女には内緒にしておこうか。

「北見のハッカ飴」は昭和初期の発売から続くロングセラー商品である。エメラルドグリーンの袋にはピンクの花を付けたハッカの絵が描かれている。図鑑で「ハッカ」を調べると、シソ目、シソ科、ハッカ属に分類され、カラーのハッカの詳細な絵が添えられており、視覚的にもハッカとはどんな植物かが一目瞭然である。また図中には植物の同定に必要な花や果実、花序も図示されていて、この図鑑の特色といえる。さて図鑑の絵は、富太郎自身がスケッチしたもの、あるいは下絵を模写したものが用いられているが、彼自身の知識と観察眼から生み出される図は、細部まで正確で精度も高く、植物画家としても優れている。ハッカの図はどうやら牧野が植物から写生したものではなく、東京大学総合研究博物館所蔵の植物画家山田壽雄氏の図を下絵としているようだが、これは牧野図鑑を繙いた意欲的な研究書『牧野植物図鑑原図集』（北隆館　２０２０）に詳しい。

私財を投じて集めた書物は約5万冊、彼が26歳のとき私費出版した『日本植物誌図篇』は製本も印刷も自身で行い、大正5年に創刊した『植物研究雑誌』は現在まで続く。植物採集に全国を周り、標本を作り、絵を描き、図鑑を作り、各地に植物の同好会も作るという超人的な体力と意欲を持った〝草木の精〟であった。彼の出身地である高知市には「高知県立牧野植物園」がある。敷地内には3000種類以上の植物と彼の蔵書群を含む牧野富太郎記念館があり、四季折々の植物と植物分類学の父である牧野富太郎の人生の両方がじっくり味わえる。いつか訪れてみたい場所、〝草場の影!?〟から訪れる人をあのボウブラの後ろで頬杖をつく写真のような無邪気な笑顔で迎えてくれる牧野さんをついつい想像してしまうのである。

技術

「ままどおる」はママの味
『日本銘菓事典』

三重県の「赤福」、「うなぎパイ」は静岡県、神奈川県の「鳩サブレー」、そして「白い恋人」といえば北海道と、これらはその名前を耳にすれば、「どこそこの名物！」と瞬時に誰しもがわかるという知名度を持っている銘菓である。またそういった銘菓は頬張ると、途端に心もおなかも甘美な心地で満たされ、なんとも言えず人をリラックスさせるそんな効果もあるように思われる。

都道府県の銘菓を集めた『日本銘菓事典』は、「風土記」的内容も盛り込

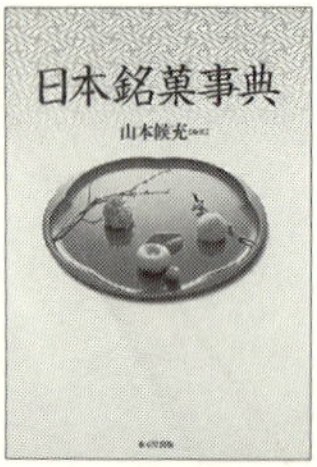

『日本銘菓事典』山本候充編著　東京堂出版（２００４年）
※品切れ・重版未定

まれており、地域の特性と銘菓の関係も知ることができる楽しい事典である。例えば、高知県の銘菓「かんざし」は、「よさこい節に唄われた純信とお馬の恋物語に因んだ菓子。」という解説があり、「かんざし」の製法などが記されている。純信とお馬の恋物語、なんともロマンチックだが、最後に「うまくいかなかった」と書かれている。「かんざし」のやさしい甘さと柔らかな口あたりが二人の儚い恋物語と絡み合い、忘れられない味となること間違いなし！。

また、白い大福餅と赤いいちごのコントラストが愛らしい「いちご大福」を作り始めたのは、東京都新宿区の和菓子店「大角玉屋」（本文「玉屋」）の大角和平さんとのこと。昭和60年2月に発売された当初は、ゆでた赤えんどうを餅に入れた「いちご豆大福」がそれで、これが話題を呼び、全国的ないちご大福ブームとなり、現在のいちご大福となったようである。

実家のある福島県の銘菓、幼いころからずっと大好きな三万石の「ままどおる」。たっぷりミルクとバターの入った焼き物生地で、黄身あんを包んだ乳菓である。口に入れるとふっくらまろやかな食感とほどよい甘さが、食べるたびに穏やかな気持ちにさせてくれて、「お乳を飲む子」をイメージして作られたお菓子ということを実感できるのである。

著者の山本氏は、菓子業界や外食産業等のマーケティングアドバイザーであり、その広い知見から全国各地の銘菓を選出し一冊の事典にまとめたものがこれである。しかし、残念ながらここには選ばれなかった、個人的には銘菓と思われる東北の銘菓を少々紹介しよう。その一つ、宮城県古川の名物である「パパ好み」は、その名の通りパパのビールのあてにぴったりな小ぶりなあられや煎餅、小魚が入った一品である。これさえあれば、ママもつまみの心配をしなくてもいい優れもの、「ママも喜ぶ！　パパ好み」は家族の幸せを願って作られたに違いない。現在、この姉妹品として女性向けに開発された「女子ごのみ」も発売中。ピンクのパッケージとカラフルなあられが乙女心を刺激する。

また、秋田名物「金萬」は、はちみつと卵を使用したふわふわのカステラ生地に、白あんがぎっしり詰まったしっとり食感の和菓子である。最近では個包装の商品も発売され、気軽に持ち運びもできるため、ぜひとも食べてほしい逸品である。蛇足だが、「金萬」のＣＭのインパクトはかなりのもので、その味さえも超えているかもしれない。ＣＭもぜひとも見てほしい。

食に関する思い出や思い入れは人それぞれ。だからこそ『日本銘菓事典』は人と人とをつなぐコミュニケーションツールとしても有用ではないかしら。会話に困ったら食の話が一番！と思っている私にとって、相棒ともいえる一冊である。

技術

美味しい話『すし語辞典』

フワフワ、トロトロの白子の軍艦に、ホックリ、ホロホロあなごの握り、キラキラと黄金の輝きを放つ卵焼き。イカに飾り包丁を入れる手さばきは美しい。時折流れる「美しき青きドナウ」と相俟って、その動作一つひとつが芸術的である。技と味を極めたいという欲求、さらにおいしいものを！という欲望、「おいしい」の行きつく先はどこなのか。「鮨ほど旨いものはない」は2015年放送のBSテレ東制作の番組、三人の俳優がそれぞれ寿司の名店を訪れ、寿司をじっくり堪能するというもの。「美しい寿司が一貫一貫しっかりと画面に収められ、随所に一流職人の手元や仕込みの様子が映るため、

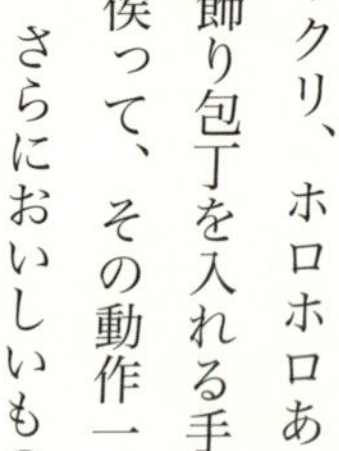

『すし語辞典』新庄綾子著、ぼうずコンニャク藤原昌高監修　誠文堂新光社（2019年）

職人見習いには永久保存版の番組」とは、『すし語辞典』の「鮨ほど旨いものはない」の解説である。

令和5年版『みやぎ手帳』（宮城県統計協会）によると、宮城県のほや類の収穫量は4369トン（令和2年）で日本一。そういえば、職場で3時のおやつに蒸ほやとコーヒーの組み合せということもあったよな。「ホヤ― 寿司ネタになると貝に似た見た目ですが、脊椎動物でも無脊椎動物でもない、脊索動物に分類される動物です。～三陸地域で養殖されているため、仙台の寿司屋で食べることができますが、全国的にはマイナーな寿司ネタ。」磯の濃厚な香りのするホヤは好みがわかれるが、「莫久来《ばくらい》」といって、ホヤとこのわたを混ぜてつくられる一品は、酒の肴として最高。この莫久来の名前の由来は、ホヤの形が機雷に似ていて、「機雷」↓「爆発」↓「莫久来」となったとも言われている。

「江戸前寿司」という言葉には複数の意味があり、「江戸前」つまり東京湾で獲れた魚介類を使った寿司を意味する場合と、上方の押し寿司、太巻き寿司などの大阪寿司に対比する握り寿司を意味する場合とがある。さらに江戸時代、両国の華屋與兵衛《はなやよへい》が江戸前握りを発明して以来、当時の職人は冷蔵庫がない中、魚を安全に食べられるよう、ネタに対して酢でしめる、蒸す、煮るなどの仕込みを行っていたが、このような寿司職人による仕込みを「仕事」といい、握り寿司の中でも伝統的な江戸前の仕事が施された寿司を江戸前寿司という場合がある。江戸では握り寿司が大人気となり、岡持ちで売り歩いたり、屋台、店舗を構えたり（内店）と、様々な寿司屋があったが、江戸前寿司はいわば郷土寿司であった。しかし大正12（1923）年の関東大震災により、被災した職人が東京を離れて全国に移り住み、江戸前寿司が全国に普及したという。

寿司は今や「宇宙食」にもなっている。日清食品が「いなり寿司」や「ちらし寿司」、その名もスペース・チラシを開発。ちらし寿司の具はエビ、絹さや、シイタケ、サケフレーク、デンブなどで、50㎖、80℃のお湯で12分戻して調理する。真空パックに入った寿司の写真からは一見寿司とはわからないのだが、スペース・チラシ、地球でも食べてみたい。

「舎利《しゃり》」は、寿司飯のことだが、その語源はお釈迦様の遺骨を示す言葉で、僧侶がご飯のことをシャリと呼んでいたため、寿司屋でもそう呼ばれるようになったとのこと。また、「むらさき」は醤油、「弥助」は握り寿司のこと、これらは寿司屋の符牒である。『すし語辞典』のネタを片手に、寿司ネタと向き合う、頭と感覚すべてを使って寿司を味わう醍醐味、あなたも興じてみてはいかがなものでしょう。

産業

野菜の来た道
『日本の野菜文化史事典』

旬の野菜は美味しい。野菜に限らず、旬のものは私たちの体にエネルギーと喜びを運んできてくれて、まるで心も体も一気に蘇らせてくれるよう。「ウドとスナップエンドウの牛肉炒め」は私の大好物の一つ。ウドの旬である春には、スーパーの野菜売り場に「お待たせしましたね」とばかりに陳列され、きんぴらにしてもいいし、酢の物にしてもいいし、とついつい買い求めてしまう。

『日本の野菜文化史事典』を開くと、ウドは葉菜類の軟化菜類に分類され

『日本の野菜文化史事典』青葉高著　八坂書房（2013年）

ている。軟化菜類とは、「光のあまり当らない条件のもとで生産される野菜で、もやしと呼ばれるものがある。たいてい黄白色で質が軟らかく、独特の色と風味をもっている」とある。確かにウドの独特の香りは癖になるが、苦手な人にとっては最大の弱点のよう。ここに分類される野菜にはウドの他に、アスパラガス、タケノコ、ミツバやセリもあり、どれも私の大好物。そうか、私は軟化菜類が好きなんだ！ということを発見。

ウドはウコギ科の宿根草で、朝鮮や中国でも山菜や薬用として古くから使われていたが、栽培化を始めたのは日本で、数少ない日本原産野菜の一つであるという。平安時代に編まれた我が国最古の漢和辞書『新撰字鏡』には「独活、宇度」として登場、また平安時代の本草書『本草和名』や日本最初の百科事典『倭名類聚抄（和名抄）』には草の部に記され、当時は野生のものを薬用などに使用していた程度であった。

ウドが栽培化された年代は明らかではないらしいが、江戸時代の農書にはウドは必ず登場していたようで、元禄時代以前に記された農書『百姓伝記』

や元禄年間に刊行された『農業全書』には、ウドの品種や栽培法が記載され、江戸時代には栽培化が始まっていたことが伺える。野菜類を遮光して育てる盛土軟化の栽培法が用いられていたが、天保13（１８４２）年に幕府はこの栽培法を贅沢だとして禁止令を出した。そのためあまり広がらなかったとのこと、幕府も結構細かいことにまで口を出したのね。まるでウド・ショック！

また、農業統計によるウドの栽培面積や収穫量、品種についてなども記されており、歴史的、文化的にウドを多面的に知ることができるのである。

サツマイモの項では、「甘藷《かんしょ》先生」として知られている青木文蔵《あおきぶんぞう》敦書《あつのり》著の『蕃藷考《ばんしょこう》』についての言及がある。蕃藷《あかいも》（サツマイモ）は、五穀と同様食糧になる作物で一三の利点があるとして栽培を推奨し、サトイモ、ヤマイモよりも多くの字数を当てて栽培法や中国での記述などを紹介している。ちなみに著者である敦書は、徳川三代将軍家光によって作られた紅葉山文庫の第四十代書物奉行を務めた人物でもある。

野菜の伝播、渡来は人の移動や文化交流の一つであり、それは文化交流の道の存在を示していると記されているとおり、野菜も文化財であるという視点から書かれたこの一冊は、毎日口にする野菜からその歴史や文化に思いを馳せるという視野を与えてくれる。こういった豊かな時間は、身近なところにもたくさんあるのだ。そうだ！今日はさつまいものクリームグラタンを作ろう。塩味とさつまいもの甘味がベストマッチな一品。きっと敦書先生も気に入ってくれるはず。

芸術

文様万華鏡『世界の文様歴史文化図鑑』

イズニック・タイルは私のお気に入り。トルコのトプカプ宮殿の内部を彷彿とさせる、コバルトブルーを基調とした草花模様の20㎝四方の陶器のタイルは、イスタンブールで買い求めた思い出の品。イズニック（Iznik）陶器は、オスマン帝国時代の14世紀、中国から輸入された青磁と白磁に影響を受けて作られるようになったもの、トルコのアナトリア北西部のイズニックとイスタンブールでのオスマン陶器の生産は16世紀に最盛期を迎えた。デザインの色と明るさはこのときに発展し、コバルトブルーやターコイズ、緑、黒、紫、鮮やかな赤などで花や葉のデザインが描かれるようになった。イズニックの

『〈ビジュアル版〉世界の文様歴史文化図鑑：青銅器時代から現代までの3000年』ダイアナ・ニューオール、クリスティナ・アンウィン著、蔵持不三也監修、松平俊久翻訳　柊風舎（2012年）

757.02
デザイン
歴史

特徴は、伸びやかな曲線使いの模様構成で、19世紀末のアール・ヌーボー様式に影響を与えたといわれている。

中国清朝の三大皇帝、康熙帝（在位1661-1722）、雍正帝（在位1722-35）、乾隆帝（在位1735-96）の時代に陶磁器を手厚く保護したことにより、陶磁器は技術的・審美的・芸術的にも先例がないほどのレベルにまで洗練された。この図鑑に掲載される康熙帝、雍正帝時代に制作されたそれぞれの花器はまさに芸術品、息をのむほどの美しさ。「彩色陶の花器」は、その胴部に描かれる家庭の場面の周囲にやわらかなオレンジ色の桜の花と青い蝶のモチーフが繰り返し配置され、背景の鮮やかな緑とのコントラストが印象的。一方、オレンジや青、緑などの顔料を用いて、花の渦巻きや鳥が文様として描かれた「エナメルと金箔の陶製花器」の華やかさは圧倒的。これは技術的・審美的な発展を反映してのこと、やはり権力と財力があっての技術革新、芸術革新！納得である。

紀元前79年、ヴェスビオ山の噴火により廃墟と化したローマの保養地ポンペイ。神殿から風呂、宮殿から海辺の別荘まで、あらゆる建築には文様が描かれていた。装飾のモチーフは、アカンサスなどの植物が豊穣と不死を表し、手の込んだ渦巻き文や雷文、さらに幾何学文様は、丸や三角形、四角形、六角形などを組み合わせたり重ね合わせたりしてつくられており、植物などの文様と好対照をなしている。

また西暦100年から400年ごろのローマ風のモザイク床には、中心となる図柄の周りに、波形線や組紐文、菱形など複雑で印象的な文様が描かれていた。これらの文様は、境界や敷居に魔除けのための装置や仕掛けを置くという発想を具現化したもので、ローマの人々の文化と日々の暮らしのなかで、文様がいかに重視されていたかを物語っている。

装飾写本（イルミネーティド・マニュスクリプト）は、ミニアチュールとも言われるが、これは彩色に使われた朱色の顔料ミニウムからきているという。650−700年に作られた『ダロウの書』は、英国中世の写本として

『ケルズの書』『リンディスファーン福音書』とともにケルトの三大彩飾写本と言われている。『ダロウの書』の特徴は、その扉絵のデザインで、顎と足と尾をもつ動物が絡み合うように組紐文として連続して描かれ縁をつくり、その中に螺旋文と十字組紐文が円を形成、中央には十字文が描かれるという見事な装飾模様が形づくられている。赤と絡み合う黄色の組紐文に背景の黒、アクセントのように入る緑色の組紐のバランスが素晴らしく、全く時代を感じさせない斬新なデザインである。

『世界のマンダラ塗り絵100』（春秋社　2006）には、『ダロウの書』に描かれるような絡み合う動物文様の塗り絵も登場する。ヒンドゥー教のドゥルガー女神のヤントラやノートルダム大聖堂のバラ窓、ピマ族（アメリカ大陸の先住民）の籠など世界中の様々な文様のモチーフが描かれている。図鑑と並べながら、文様に色を入れていると歴史を体感しているような気分になる。この図鑑の使い方のおすすめは、鮮やかな図版を楽しみながら、興味をもった文様や文化の導入にするといいでしょう。

言語

ンでまず『仙台方言辞典』

「ん」で始まる言葉ってなんでしょう。と、問われたらきっと「ん？」な表情になるだろう。しかし、しかしである。「ん」の世界、無限の可能性が広がっていると私は思うのだ。

2018年刊行の『広辞苑』第7版は、第6版から10年ぶりの改訂となり、新たに1万項目を追加し、その総項目数はなんと25万を数える。まさに〝King of 辞書〟といえるだろう。さて、『広辞苑』第7版の「ん」の項目をみると、たった8項目の記載である。つまり総項目数25万分の8、割合にすると0の下に

818.23
方言
宮城県

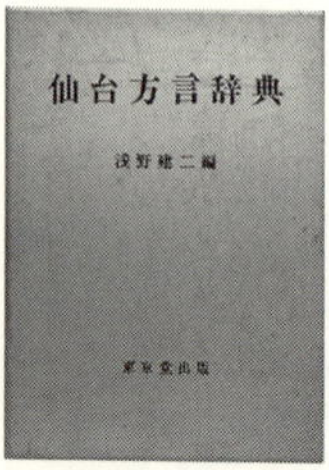

『仙台方言辞典』浅野建二編　東京堂出版（1985年）
※品切れ・重版未定

0が四つもついて0・000032！という数字がはじき出される。Wow！なんと貴重な八つということか。

ここで、『仙台方言辞典』を繙いてみよう。残念ながら、総項目数の記載がないため正確な項目数は不明なのだが、ページ数にして約400ページ弱、『広辞苑』の3000ページ超えという厚みと、文字の大きさや項目ごとの記載の量から比較すると、項目数の差は歴然である。が、しかし「ん」の項目数は『広辞苑』と同じ八つを数える。オヤオヤ、辞書に占める「ん」の項目の割合は圧倒的に多いということになる。「んだべお（ン）。何も驚くごどネっちゃ」、という声が聞こえてきますね。

『仙台方言辞典』によると、「んダベオ（ン）」は、「（句）多分そうでしょう。」の意。凡例を見ると、句とは「幾つかの単語が複合して成れるもの」とあるから、早速「んダベオ（ン）」を解剖してみる。まず「ん」は、「相手の意向を了解、または承諾したことを表す語」で、「ハイ」ということ。これに事柄を（肯定的に）認めて述べるという態度を表明する「だ」をつけて、「んダ」となり、「そうだ」という意味になる。次に、助動詞の「べ」は、文語助動詞「べし」（可）の連体形「べき」の音便形として、推量または意志を表したもので、「……であろう。……でしょう。」であり、さらに「お」は、「別に意味なく前の語の意を強く」するもので、「……わ。……よ。」という助詞。これらが合体して、「んダベオ（ン）」、「多分そうでしょう」となる。この短い単語にいくつもの要素が絡み合って、一つの言葉として成立しているのがよくわかる。奥が深いっちゃねー！ちなみに、語尾の括弧のなかの「ン」は、余韻を残すように、口の中で音をこもらせて、鼻に抜けるように発音すると、より方言の雰囲気が醸し出され、ムードは一気に東北へ。「んだ、んだ！（「んだ」を強調するときに、重ねて使う）。やってみっペシ！」

『仙台方言辞典』の「ん」の項目は、前述の「ん」のほぼ応用編と言っていい。「んダベッチャー」は、「そうでしょうとも。」、「んネ」や「んネんネ」は、「なるほど」とか「はいはい」と相槌を打つ場合に使う。

単語の先頭の「ん」は、まず音をいったん飲み込むことからもわかるように、何かしらまず自身の中に取り入れて、あるいは受け止めて、このワンクッションの後に自らの外側に言葉を投げかける姿勢がうかがえる。「ん」は自身も肯定しつつ、同時に相手をも肯定する魔力があるように思えてならない。「ん」から始まる言葉には、何とも言えない安心感と安らぎが含まれている。「ん」から始まるコミュニケーション、あなたも「ん」の世界を堪能してほしい。寒さも人も包み込むような壮大なスケールの連帯の世界が広がっていると思いませんか？

言語

「愛」と「私」は別ものですか？『女と男の日本語辞典』

「愛してたら改姓できるんじゃない？」

（『早く絶版になってほしい　#駄言辞典』より）

いいえ！　愛と改姓は全く関係ありません！　当事者の女性は、男性にも同じこと言いますか？　と返したそうだが、全くの〝駄言〟である。「駄言・だげん」とは、「『女はビジネスに向かない』のような思い込みによる発言」で、言った当人には悪気がないのだが、特に性別に基づくもので、相手の能力や個性を考えないステレオタイプな発言だと『早く絶版になってほしい　#駄

言辞典』（日経ｘｗｏｍａｎ編　日経ＢＰ２０２１）の冒頭に書かれている。日本経済新聞社と日経ＢＰが日本社会の多様性を阻むステレオタイプを撲滅する企画として、心をくじく「駄言」とそのエピソードをつぶやいてほしいと募集。どんな発言が駄言で、何が問題なのかを明らかにし、学びに変えよう！という試み、まとめたものは絶版を目指して出版する！との意気込み。もし絶滅したら永久保存版となること間違いなしである。

『女と男の日本語辞典』、「夫婦別姓について」には、歴史的にみると日本は「夫婦別姓」が普通だったと目を見張る事実が記されている。「内儀」の項目からは、佐賀藩の内儀が自分の財産を持ち、夫に嫁いでも財産の譲渡は夫人の意思で決定でき、また夫婦の財産が別々に存在していたことなど資料とともに例が挙げられている。また「夫婦別姓」は、惣領制とも深いかかわりがあるとあり、姓は財産、つまりお金と結びついていたということになる。だから、改姓と愛とは全くの別もの、むしろお金とのかかわりが深いのだ。では、冒頭の表現は考え直さなければならないはず。ではどうなるか？「お

『女と男の日本語辞典』（上巻・下巻）佐々木瑞枝著　東京堂出版（２０００年・２００３年）

金がないなら改姓したら?」となるのが、この場合は正解のようである。

「才色兼備」。もっぱら女性に対してのみ使われる表現であると、『日本語ジェンダー辞典』(『女と男の日本語辞典』の改題改訂版　東京堂出版2009)には書かれてある。女性が優れた知性と容姿の美しさを兼ね備えているという意味だが、男子には「才」は必要だが、「色」は不要という前提のもとに存在していると。女性は賢くても、色つまり魅力がないとだめってことなのね。「女は愛嬌」とともに忌まわしい表現である。『広辞苑』の「愛嬌」をひくと、「女性や子供などが、にこやかでかわいらしいこと。」と書かれている。マジですか? 愛嬌は男女を問わず、コミュニケーション上大事なことだと思うのですが、違います?

「男は度胸」(「女は度胸」もあり)、これも罪深い。度胸がなければ男じゃない? 女じゃない? 「女は愛嬌」と同じ性質の表現、20代の頃、「カウンターではニコニコしていればいいからね」と言われたっけ。苦々しい思い出である。「ニコニコしていれば、仕事しなくてもいいですか？」これを言う度胸がなければ、女ではない？

最近あるスウェーデン発祥の家具量販店のトレイテーブルのＣＭが話題となった。椅子に座る父親と子ども、そこに料理を運ぶ母親という構図、これが性別役割分業の追認などと批判を浴びたのである。喜ばしい意識の変化ではないだろうか。『女と男の日本語辞典』のまえがきには、多くの異質なもの、不均等なものを抱え込みながら社会の中で生きつづけている日本語の中のジェンダー意識を世に問うことができればとあるが、まずはそれらを表面化し、意識化することから始まるのだ。そして、愛と自身のアイデンティティの両方が尊重される、そんな当たりまえの世の中にならないと愛も先細りするかもね。

文学

ジョークは地球を救う!?
『ジョーク・ユーモア・エスプリ大辞典』

「静粛」

——公共図書館で館員が《読書室では静粛にしましょう》という掲示を壁に取り付けようとしていた。しかし誤って金槌で指を叩いてしまった。男は脱兎のごとく読書室を駆け抜け、芝生に飛び出た。そして彼はそこではじめて叫びはじめた。

——あ、痛て！　痛て！　痛て！

おー、なるほど彼は職務を全うした、のか？　ここで疑念が二つ。静粛が必

『ジョーク・ユーモア・エスプリ大辞典』野内良三著　国書刊行会（２００４年）
※品切れ・重版未定

要な読書室でなぜ音の出る金槌を使ったのか。プラス、脱兎のごとく読書室を駆け抜ける行為、まさに静粛とは言えない禁じ手のはず。本末転倒なやらかし行為、これらを本気でやったら顰蹙《ひんしゅく》を買うだけだが、これを笑えずしてブラック・ジョークのわかる図書館員とは言えないわね。

「ぬか喜び」

――あわて者が宝くじの一等賞に当たったことを知った。天にも昇るような気持ちで、さっそく高級スーツを新調するためにデパートに走った。そして帰宅すると、これまでの惨めな貧乏生活と縁を切るために着古した背広をダストシュートに投げ込んだ。そのダストシュートは最新式で強力な瞬間粉砕器を装備していた。あわて者は一つのことを忘れていた。大事な当たりくじを古い背広のポケットにしまっていたことを。

オーマイグッドネス！　訪れるはずの幸運が一瞬で夢と化す。あわて者の悲劇、でもこれって喜劇よね。誰にでも起こり得る日常の一幕に同情せずにはいられない。ただ、宝くじが当たるくだりはなかなか起こらないけどね。少なくとも13回くじを引いて13回全てハズレを引いた私には。13という数字が悪かったか!?

「人生は、ただ感じるだけの人々にとっては悲劇にほかなりませんが、もしあなたが考えることができれば、それは巨大な喜劇になります」（ホームズ&ラスキ『ホームズ－ラスキ往復書簡集』岩波書店 1981）というアイディアは、シェークスピアの「この世は舞台、人はみな役者」にも通じ、「どうありたいか」という生きる姿勢を問われているとも言えるだろう。『ユーモアの心理学』（サイエンス社 2003）によると、ユーモア好きの共通点として自己顕示要求や賞賛獲得要求、そして享楽志向が見られるという。目立ちたい、他人から評価されたいという思いに加えて、人生を楽しみたいという気持ちの表れであると。

さらに、精神的に成熟した人の特徴として人間心理学者のオルポートは、

「自分を客観的に見る」を挙げ、それをもっとも表しているのが「ユーモア感覚」であり、また心理学者マズローは、「哲学的で悪意のないユーモア」は、精神的に十分に成長した人間の特徴の一つだと述べている。

ジョークやユーモアが地球を救うのでは？　と思えてくる。地球平和防衛隊の結成のおりには、その入隊試験の必須項目に「ジョーク・ユーモアセンス」は外せないだろう。しかし、ジョークやユーモアはそれほど知性と関係しないらしいから、どうやってお勉強しましょうか……。『ジョーク・ユーモア・エスプリ大辞典』を丸暗記することをおすすめします！

文学

妄想は加速する！『妄想国語辞典』

妄想って楽しいですよね。こうだったらなぁ、ああだったらなぁと考えるのは一種の現実逃避というストレス解消法である。もし次の人生があって自由に何かになれるのだとしたら、指揮者がいいな。美術品の修復家もいいし、ロケットの開発にも興味がある、と妄想の翼はとどまるところを知らない。

さて、ここに『妄想国語辞典』なるものがある。妄想×国語辞典？　どんな世界が広がっている？

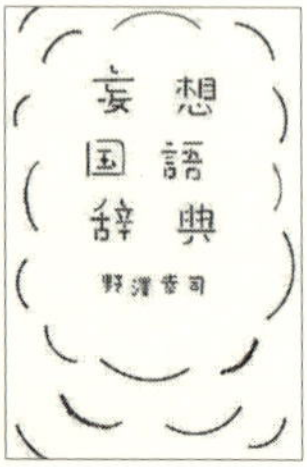

『妄想国語辞典』野澤幸司著　扶桑社（2019年）

おみやげの木刀

【意味】全く必要のないもの。

【例文】道路といいダムといい、国がつくるものにはおみやげの木刀が多すぎる気がする。

なるほど！である。私も常々思っていました！観光地のみやげ店には、必ず木刀っておいてありますよね。それだけ需要があるということだろう。これにさらに意味を付け加えるなら、「（老若問わず）男子の大好物」。例文にもあるように、国の事業に〝おみやげの木刀〟が多いのは、政治家に男性が多いことに由来すると言わざるを得ないでしょう。

パンダは肉も食べる　（『妄想国語辞典2』より）

【意味】知りたくなかった事実。

【例文】彼女の大学時代の友人から聞いたんだ。彼女、男を取っ替え引っ替えだったと。パンダは肉も食べる以外の何物でもない。

実に残念である。知らなきゃよかったことは世の中多々ある。「レストラ

『妄想国語辞典2』野澤幸司著　扶桑社（2020年）

『ニューノーマル　妄想国語辞典』野澤幸司著　扶桑社（2021年）

ンの厨房からレンジの音がする」にも通じる事実である。これらはなぜか迂闊には口に出来ないような、ちょっとした緊張感を伴わないだろうか。肉食というダークな側面が、パンダのイノセントなイメージに融合せず、その事実を認めたくないという人間側の勝手な思い込みによるものである。色々な意味で人間は罪深いなぁと思う瞬間でもある。

宝くじにすべてをかける　（『ニューノーマル　妄想国語辞典』より）
【意味】破滅的な思想。
【例文】伝説のロックミュージシャンたちは、短命な者が多かった。
　宝くじにすべてをかけていたことと無関係とはいえないだろう。

宝くじってなんでしょう。これを求める人のサガとは？　ある立飲み屋にて宝くじを1枚購入。「当たるのください！」との私の発言に、「そういう人は当たらないんだよ」という店主。たった1枚の宝くじにほんのささやかな希望を託した私の想いをいとも簡単に砕いた店主のサガ。ちぐはぐな状況に、心が落ち着かなかった夜を思い出す。〝宝くじにすべてをかける〟ロックミュージシャン、尋常ならざる姿に私たちはあこがれ、それゆえ伝説になるのである。

『妄想国語辞典』とは、世の中にまだない日本語を妄想で勝手に開発し、勝手に紹介するという妄想の集大成とは、著者の野澤幸司氏。一冊目のヒットにより、第三弾まで出版され、三冊目の『ニューノーマル　妄想国語辞典』には、コロナ禍の日常を反映して、リモートな暮らしから生まれた「リモーソウ言葉」、例えば「背景に観葉植物」などを収録。さてこの意味は？「自分をよく見せようとする様。」思わず、わかるわかる！と頷いてしまう妄想の世界が広がっている。

さて、私的な妄想国語。

「爪に栄養剤（ネイル美容液）をぬる」

【意味】①ぬか喜び　②自己満足

自分をケアしているという状況に満足しながら、美容液によって一時爪が割れなくなった！と喜ぶが、実際はそれほど効果が上がっていないという状況。

私たちの日常に〝妄想〟は必要だ！

番外編

「エバー・アフター」のその先へ
『シンデレラ　自由をよぶひと』

お姫様の物語は、王子様と結婚してめでたし、めでたしというのが定番である。王子のような絶対的といえる存在に人生をゆだね、一緒にいれば一生幸せが保障されているユートピア。だが、姑問題や侍女とのいざこざもあるだろうし、慣れない環境に適応するためにかなりのストレスをため込むだろうし、そもそも王子との結婚は絶対安泰なの？と考えずにはいられない。

レベッカ・ソルニットの描くシンデレラは、灰かぶりの「シンデレラ」から「エマ」（物語の主人公）にいたる解放と自由の物語である。火からはぜ

『シンデレラ　自由をよぶひと』レベッカ・ソルニット著、渡辺葉訳、渡辺由佳里解説訳、アーサー・ラッカム挿画　河出書房新社（2020年）

る木灰をシンデルというらしいが、その灰を使う台所のかまどのそばで寝起きをするために、時折その燃えカスの灰が飛びうつって服に穴があいてしまうことから、そう呼ばれているシンデレラ。しかしこれはヨーロッパの台所の歴史が色濃く映し出される場面でもある。『ナチスのキッチン』（藤原辰史著　水声社２０１２）によると、竈は調理場である以外にも暖房や照明の役割も果たしていたが、煙や煤がその特徴でもあった。近代の台所史は、この裸の火の弱点を克服していく過程であったというが、台所からの解放が家父長制からの解放のイメージと重なるように、シンデレラが台所から自由になるというストーリーは女性の解放を想起させるものである。

シンデレラからエマへの変容はハッピーエンドのラブストーリーから、新たな人生の始まりを予感させるヒューマンストーリーへの変容でもある。そしてまた、エマの姿はアメリカ合衆国の最高裁判所の判事を長年務めたルース・ベイダー・ギンズバーグの姿と重なるのである。彼女は、あらゆる〝equality〟のために闘い、また法律家としてジェンダーの壁を切り開く闘いを続けた女性である。彼女の物語は、私たちに未来への可能性を見せてくれたと同時に、新たなシンデレラ・ストーリーを提示してくれたといえるだろう。

さて、自由となるべき存在なのはシンデレラばかりではない。異母姉妹しかり、王子だって、まま母だってその可能性は同じである。「本当の魔法は、いろんなものたちが、いちばんすてきで、自由な姿になれるように助けることなんだよ。」とシンデレラを舞踏会へ送った魔法使いの妖精が言うように、〝本当の魔法〟の効力は誰にでも平等に開かれている。一番美しくなければならないという呪縛からの解放、王子という完璧な存在からの解放、あるいはまま母のようにあれもこれも〝もっと、もっと、ほしい、ほしい〟という終わりのない欲望からの解放、すべては望むままに解放されるはずである。あなたがそれを望むならば……。

切り絵で表現されたアーサー・ラッカムの作り出す世界観も絵本をより一

層魅力的にしている。シンプルな白と黒を基調とした描写は、登場人物の表情をありありと映しだす。馬になったはつかねずみも、召使になったトカゲも、ガラスの靴でさえもその意思を感じるよう。映画「エバー・アフター」のとびきりタフでヒーローチックなシンデレラから庶民派シンデレラへ、シンデレラ・ストーリーは形を変えつつ、常にハッピーを模索しながら私たちの中に存在するのである。

番外編

災い転じてふたたび並ぶ 『ナンシー関の記憶スケッチアカデミー』

震災10年目の余震で自宅の本棚が壊れた。復旧する気力が湧いてこない……、しばらくそのままにしよう。数週間後、ぼちぼち片付けないとと、脚立に登り不完全ながらも本棚を復旧、端っこに寄せ集めていた本を戻しはじめた。と、「あっ、あった!」生き別れになっていた双子の本の片割れを発見し、2冊はふたたびとなり合わせで本棚に収まった。「あぁ、なんだか、しあわせ。」地獄に仏かな。

この双子『ナンシー関の記憶スケッチアカデミー』、お腹がよじれるほど

『ナンシー関の記憶スケッチアカデミー』ナンシー関編著　角川文庫（2003年）

笑えるのよ。もともとは『通販生活』（カタログハウス）で連載されていた投稿企画、それをまとめたものがこの2冊である。「かえる」、「パイナップル」、「ランドセル」など与えられたお題を記憶のみによってスケッチするというもの。まぁ、人の記憶は呆れるほどあいまいで、画力に難があるにせよ、これほど適当に描けるものかと感心する。そして、これらのスケッチにナンシー関のエッジの効いたコメントが付され、そのシュールさは倍増する。スケッチとコメントの唯一無二のコラボレーション、ファンタスティック・ワールドへようこそ。

お題「人魚」。人魚を辞書で調べると、「上半身が人間（多くは女人）で、下半身が魚の形をした想像上の動物」（『広辞苑』）とある。人魚といえば、アンデルセンの童話「人魚姫」をまず想起する。コペンハーゲン、ランゲルニエ埠頭にたたずむ人魚姫の像は、物憂げに海を見つめる少女である。しかし、ここに登場する人魚たちは私たちの想像をはるかに凌駕する。ナンシー関曰く、「もし、引き上げた網にこれがかかっていたら、地元の神社に祭る

『ナンシー関の記憶スケッチアカデミーⅡ』ナンシー関編著　角川文庫（2007年）

といいと思います。」と、「福々しくありがたい」感じの人魚は、首から下が魚、その表情は菩薩を思わせる。また、「そばに行くとちょっと生臭そう」な人魚、往々にしてナイスバディというのが人魚の定説だが、現実は厳しい！とナンシー関のコメントが光る黒髪の和製人魚のスケッチである。

お題「パンダ」。絵本『パンダどうぶつえん』（ＰＨＰ研究所　２０２１）を思わせる、黒いブチを入れれば何でもパンダになるはず！という大胆なスケッチが並ぶ。虫のような足をもつパンダ、「一気にパンダ感が激減する」頭を七三に分けたパンダ、「みちのくプロレスに参戦した覆面プロレスラー」パンダ、とバラエティーに富む。私のイチオシは、「下半身がヌーディー」なパンダ。「妙にこっぱずかしい」とナンシー関が言うように、下半身が真っ白、直視して良いのか？と不安をあおる。

一時期、宴会で「お絵描き」が流行した。そのお題は、動物であったり、キャラクターであったり様々であったが、ゾウであろうと、鳥であろうと必ずモデルを真正面から描くという強者がいた。〝真っ向勝負〟とはこのことか！　と妙に納得したりして。と、そのお店でバイトをしていたアフリカ出身のナオミちゃん、キリンが描けないのだとか。「えー、どうして？」と聞くと、見たことがないという。見たことがない？　そう、ナオミちゃんの「見たことがある」は、サバンナに生息している〝リアル〟な動物のことだったのだ。映像や動物園で〝見た〟と胸をはる私たちとはあきらかにレベルが違うのだ。記憶スケッチは、記憶がなければ描けない。でも記憶にあるものがリアルかといえば、それはまた別の話。リアルを表現するのは難しい。

あとがき

私の大好きな映画の一つ２０１８年公開の「ボヘミアン・ラプソディ」は、１９７０年代から80年代を代表するイギリスのロックバンドＱｕｅｅｎ（クイーン）を描き驚異的なヒットを記録した。この本の挿絵を担当する斉藤由理香さんも大好きな映画で、何度見ても胸が熱くなる。Ｑｕｅｅｎの青春物語でもあり、成長物語でもあり、彼らの情熱ほとばしるキラキラとした部分と眩しすぎた光ゆえの闇のコントラストがやりきれない。

２０２０年8月から郵研社のホームページ掲載のコラムを担当させてもらうこととなり、当時机を並べて仕事をしていた私と斉藤さんは（ともに雑誌担当）、コラムのタイトルを検討し始めるも、頭に浮かんだのは次のフレーズ「ライブラリアン・ラプソディ」ただ一つ。音楽界の新たな歴史を作ったＱｕｅｅｎに恐れ多くもあやかる⁉べく、一度このタイトルが頭に浮かんだらもうほかの選択肢はない。これでいこう！

ちなみに斎藤さん力作の表紙絵には、コラムにもたびたび登場している事典と鑑を手にする天使コンビ、また彼らの頭上に輝く「ライブラリアン・ラプソディ」のロゴは、Ｑｕｅｅｎのロゴに刺激されて私たちが試行錯誤のうえ考え出したもの。うさぎとドラゴンは私たちの干支に由来、真理や知恵、精神の象徴である鑑は私たち自身を映すものでもありと、思いを詰め込んだロゴなのだ。

ブックレビューには、「辞書をめぐる旅」として図鑑や事典・辞書類をチョイスした。「今どき、広辞苑なんて引きます？」という義弟の一言に触発されたかはわからないが、２０１８年に刊行された『広辞苑』第7版は、紙、挿絵、言葉の選定などどれをとってもそれぞれの専門家の情熱と執念を抜きにしては完成できなかった英知の結晶である。図書館はこういった人間の英知の結晶を集めた〃神殿〃と呼べるものかもしれないと思う。結晶のごくごく一部を垣間見ていただけたら、そしてその結晶に手を伸ばしてもらえたら幸いである。

「刊行によせて」を書いてくださった大島真理先生と出会ったのはもう30年近くも前になる。はじめは教員と学生、次は同じ職場の大先輩とヨロヨロのひよっことして、そしてそのひよっこを雌鶏（雄鶏かも！）に育ててくれたのが大島先生である。雌鶏になってずいぶん経つが、変わらず雌鶏の成長を応援し、見守り支えてくれる存在はＭＹラスボスであり、偉大なのである。この場をかりて感謝申し上げます。

挿絵を担当している斎藤さんとも四半世紀の付き合い、楽しいこと、面白いことにずっとトキメいていたい！　との同志⁉（だよね？）である。毎月のコラムの挿絵も楽しみで、私のお気に入りは土偶と宇宙人とウサギが並ぶ「未知のしらべ」。遭遇することのない３者が見つめるその先とは⁉なんて。私のひそかな野望は、挿絵の個展！　とグッズ開発、ときめく夢は大切にしていきましょうね。

郵研社の登坂和雄さんは、人の心を開く名手でもあり、お会いするたびに新たな興味をそそられる人物である。毎月のコラムへのコメントや編集、本の企画から校正に至るまできめ細やかな配慮をいただいたこと、また新たな表現の場をくださり、そして1冊にまとめてくださったことすべてに感謝とお礼を申し上げます。

八巻　千穂

マ

ヤ

ラ

ワ

その他

索 引

著者　八巻 千穂（やまき ちほ）

1975年福島県伊達市生まれ。東北福祉大学卒業。現在、同図書館勤務。『東北福祉大学図書館所蔵和漢書目録』編纂担当。

趣味は旅行など。土偶好き。六無斎こと林子平をドラマ化したいとの野望あり。

著書に『魔女っ子司書と図書館のたね』『魔女っ子司書との自由研究』がある。

イラスト　斉藤 由理香（さいとう ゆりか）

1976年宮城県仙台市生まれ。東北福祉大学卒業。宮城県美術館、東北大学附属図書館、東北福祉大学図書館での12年間の勤務を経て、現在は同大学で学生へのキャリア支援業務を行っている。趣味は美術や音楽、映画鑑賞。好きな作家、アーティストは内田百閒、Sarah Moon、downy。

ライブラリアン・ラプソディ

2024年10月31日　初版発行

著　者　八巻 千穂 ©YAMAKI Chiho

発行者　登坂 和雄

発行所　株式会社 郵研社

〒106-0041 東京都港区麻布台3-4-11
電話 (03) 3584-0878 FAX (03) 3584-0797
ホームページ http://www.yukensha.co.jp

イラスト　斉藤 由理香

デザイン　本文設計 マユタケ ヤスコ

印　刷　モリモト印刷株式会社

ISBN978-4-907126-71-1 C0095
2024 Printed in Japan